U0604574

十二生肖

一起探寻民俗的传说

《小小冒险家》编辑部 编绘

中国铁道出版社

CHINA RAILWAY PUBLISHING HOUSE

《西游记》中的十二生肖形象

鼠

陷空山无底洞金鼻白毛老鼠精

牛

积雷山摩云洞牛魔王

虎

车迟国虎力国师

兔

天竺国玉兔精

龙

东海龙王敖广

蛇

七绝山蟒蛇精

《西游记》中的唐僧、孙悟空、猪八戒、沙僧一同去西天取经，孙悟空是一只猴子，猪八戒是一只猪，而唐僧骑的白龙马本是西海龙王三太子。另外，在唐僧师徒西天取经的路上，有许多妖怪都是动物变身的。

快来看看这些由动物变的神仙和妖怪吧！

马

蛇盘山鹰愁涧白龙马

羊

车迟国羊力国师

猴

东胜神洲灵明石猴孙悟空

鸡

昴日星官

狗

二郎神杨戬身边的哮天犬

猪

福陵山云栈洞猪八戒

上海迪士尼十二朋友园

鼠

《美食总动员》中的小米

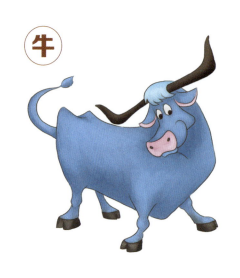

牛

《保罗·班扬》中的宝贝蓝牛

虎

《跳跳虎历险记》中的跳跳虎

兔

《小鹿斑比》中的桑普

龙

《花木兰》中的木须龙

蛇

《森林王子》中的卡奥

上海迪士尼乐园有一个"十二朋友园"，墙上陈列着 12 幅色彩缤纷的马赛克壁画，每幅壁画刻画了一个迪士尼和迪士尼·皮克斯动画中的动物明星，代表各个十二生肖。

找到你的生肖属相，看看你最爱的迪士尼朋友如何演绎中国的传统精彩吧。

《魔发奇缘》中的捍马　　　　　《欢乐满人间》中的欢乐小羊　　　　　《阿拉丁》中的阿布

《罗宾汉》中的阿伦　　　　　《苦役犯》和《野餐》中的布鲁托　　　　　《玩具总动员》中的火腿

写给热爱探索的小伙伴们

从古代起，我们国家就用鼠、牛、虎、兔、龙、蛇、马、羊、猴、鸡、狗、猪12种动物来计算年份，顺序排列为子鼠、丑牛、寅虎、卯兔、辰龙、巳蛇、午马、未羊、申猴、酉鸡、戌狗、亥猪。如果你在鼠年出生就属鼠，在牛年出生就属牛……生肖是每一个中华儿女与生俱来、终生不能更改的标记和烙印，是我们每个人的吉祥物。

除了用生肖纪年外，我们的祖先还用十二生肖对应纪月、纪时：农历十一月为子月（也叫鼠月），夜间十一点至次日凌晨一点为子时（也叫鼠时）；农历十二月为丑月（也叫牛月），凌晨一点至三点为丑时（也叫牛时）……

生肖文化是中华民族智慧的结晶，是我国优秀传统文化的重要组成部分。围绕着十二生肖，人们编出许许多多动人的故事，生发出形形色色的习俗，还广泛流传着老鼠嫁女、玉兔捣药、羊羔跪乳、封侯挂印、灵犬异事等充满想象的有趣典故。十二生肖的动物形象不仅是年画、剪纸、皮影、玩具、饰品等民间艺术表现的重要内容，在辞旧岁、迎新年、谢神灵、除灾祸、保平安等民俗活动中，更是具有独特的文化意义。

可是今天，中国十二生肖的文化内涵正逐渐被人们淡忘，反而西方的星座文化越来越深入人心。在我国很多青少年心目中，十二生肖远不及十二星座、迪斯尼的米老鼠对他们有吸引力。所以，我们特编写此书，介绍十二生肖及其相关的传奇、习俗、诗词、戏曲、书画、造型艺术等，为的是让小伙伴们更好地继承和弘扬十二生肖这一中华优秀传统文化。

小伙伴们，让我们一起走进神奇的十二生肖世界吧！

目录

鼠

你看过《米老鼠与唐老鸭》吗？可爱的米老鼠，是迪斯尼动画片中的经典形象。而在中国的十二生肖中，鼠的排位可是第一名哦！

鼠是非常机敏的小动物，它们活泼好动，喜欢成群结队活动。在我国有些地区，人们还将老鼠视为灵兽。在民间，流传着"老鼠嫁女"等传说。

老鼠嫁女

生肖作用 纪时

夜间十一点至次日凌晨一点，属子时。

子时是一天的最后时刻，同时也是新一天的开始。

子时，鼠趁着夜深人静，频繁活动。鼠与子时联系在一起，就有了"子鼠"。

生肖作用 纪月

农历十一月为子月。节气处于大雪—冬至—小寒这段时间。

农历十一月降雪较多，屋内也多鼠患。故人们称农历十一月为"鼠月"。

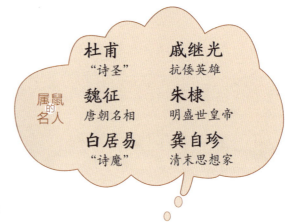

属鼠的名人		
杜甫 "诗圣"	戚继光 抗倭英雄	
魏征 唐朝名相	朱棣 明盛世皇帝	
白居易 "诗魔"	龚自珍 清末思想家	

生肖作用 纪年

小朋友们，看看下面的表格，看看自己的家人或好友，有没有属鼠的吧。

1924年 农历甲子年	1936年 农历丙子年	1948年 农历戊子年
1960年 农历庚子年	1972年 农历壬子年	1984年 农历甲子年
1996年 农历丙子年	2008年 农历戊子年	2020年 农历庚子年

生肖特点 多子多福

鼠有着惊人的繁殖力，母鼠孕期短，并且一胎多子，这令渴望多子多孙的人们无比羡慕。所以，鼠被民间百姓视为多子多孙的象征。"瓜籽"的"籽"与"子鼠"的"子"音同，表达多子意味。所以在我国民间，老鼠与葫芦、葡萄、石榴等多籽植物常组成吉祥图案，这样的图案多出现在剪纸和年画中，表达了人们繁衍后代的愿望。

生肖特点 机敏

鼠的嗅觉十分敏感，身体灵巧。鼠跑得很快，可以用奔行如飞来形容。遇到人类设计的陷阱鼠能够随机应变。就是因为这样，它常年不愁吃喝。

生肖特点 本领多

老鼠嗅觉敏感，警惕性高，身体灵巧，能够穿墙越壁，奔行如飞。老鼠从数十米甚至上百米的高空落到地上，它也能迅速翻身。虽然老鼠是陆生动物，没有较强的游泳本领，但是在水浅的池塘，为了求生，它可以一口气在水底潜行好几米。

生肖传说 老鼠嫁女

传说，在很久以前，有一对老鼠夫妇生了一个漂亮、乖巧女儿。女儿长大后老鼠夫妇想把她嫁给世界上最伟大的人。

它们觉得太阳是最伟大的人。于是对太阳说："太阳先生，我们觉得你是这世界上最伟大的人，所以我们想把女儿嫁给你。"太阳对老鼠夫妇说："我不是这世界上最伟大的人，只要云一来就会把我给遮住。"

老鼠夫妇又跑去找云。云说："我不是这世界上最伟大的人，只要风一来我就被吹跑了。"

于是，老鼠夫妇又跑去找风。风说："我不是这世界上最伟大的人，因为墙能把我挡住。"

老鼠夫妇又跑去找墙。墙说："我不是这世界上最伟大的人，因为老鼠会在我身上打洞啊！"

老鼠夫妇便恍然大悟：原来我鼠辈才是世界上最伟大的啊！于是，老鼠夫妇即刻回家，举行抛绣球活动，选老鼠女婿。在大年初三，老鼠夫妇通过抛绣球的方式选了一个青年才俊的老鼠做女婿，把宝贝女儿嫁了过去，从此过着幸福的生活。

民俗 送鼠出嫁

我国民间有"送鼠出嫁"的习俗，因为大家认为老鼠是害人的，不吉利，所以要把它送出去。人们还把这个习俗叫"老鼠嫁女"或"老鼠娶亲"。腊月二十三到正月二十五是鼠类繁殖的高峰季节，大家为鼠选择的婚嫁日期大多在这一段时间。

在上海郊区的一些地方，"老鼠嫁女"在正月十六，当晚人们会炒芝麻糖，为老鼠准备成亲的喜糖；在陕西，人们会在屋角撒盐巴米粒，即"老鼠分钱"；在江苏南部，人们会脱鞋当迎亲花轿，用果皮当礼盒；在山西平遥，人们在初十日将面饼置墙根，名曰"贺老鼠嫁女"。

民俗 老鼠嫁女剪纸

在中国年节民俗艺术中，鼠文化是个重要的主题。尤其在年俗剪纸中，老鼠的形象随处可见，其中最常见的是"老鼠嫁女"。

"老鼠嫁女"场景就像人间的嫁娶一样，只是新郎、新娘和抬轿奏乐的都换成了老鼠。画面中的场景各地有各地的特色。人们把"老鼠嫁女"的剪纸视为吉祥物，过年过节时贴在墙上和窗户上。

民俗 填仓节

农历正月二十五日是填仓节，这是汉族民间一个象征新年五谷丰登的节日。在这一天，北方家家户户在院里或打谷场用筛过的炊灰，撒出一个个粮囤状的灰圈，里面放上五谷杂粮，并覆上盖瓦片、砖石，意填满粮仓。同时也是祭"仓神"。仓神就是老鼠，号为"大耗星君"，"掌管仓中之耗子"，在填仓节时祈求仓神关照，让粮米满仓，别让老鼠"耗"得太多。

民俗 老鼠落空

旧时候上海一带有避老鼠落空的习俗。老鼠外出觅食，失足落地，就是"老鼠落空"。据说人们见到这种情形很不吉利，不是要生病就是要有灾。看到的人要沿街乞讨百家米，回家煮熟后吃了就能化解。

这张剪纸，两只小老鼠手持一个"财"字，老鼠上方有一个"福"字，老鼠周围环绕着植物。这张剪纸寓意鼠年福旺财旺。

文化 **对联**

灵鼠跳松青

春风拂绿柳

上联的意思是春风吹拂着翠绿的柳树。下联的意思是灵鼠在青葱的松树间跳跃。

文化 **曲艺** *《五鼠闹东京》*

老鼠是有害动物，但是我国从古代起就有五个"义鼠"的故事传诵至今。他们就是长篇侠义公案小说《三侠五义》中的钻天鼠卢方、彻地鼠韩彰、穿山鼠徐庆、翻江鼠蒋平、锦毛鼠白玉堂——五位以鼠为绰号的英雄。《五鼠闹东京》是系列故事中的高潮经典部分，讲述了五鼠与辅佐开封府包拯包大人的"御猫"展昭斗志斗勇，最终双方化干戈为玉帛，共同辅佐包大人，造福百姓的故事。这个故事经常在我国的京剧、粤剧、花鼓戏、评书等各种曲艺形式中出现。

给仓鼠搭建小窝

在大自然中，鼠的种类很多，有小家鼠、褐家鼠、黑家鼠，还有受人们喜爱的仓鼠。如果养了小仓鼠，可以用捡来的干树枝给小仓鼠搭一个原生态的小窝，这样能满足小仓鼠亲近自然的天性。小朋友们，动手为仓鼠制作小窝吧！

①拣选粗细相近的树枝，准备好热熔胶。

②把树枝折成相同长度。

④用两根稍微粗一些的树枝（一长一短）一横一竖粘好，这样小窝的窗户就有了。一个用树枝 DIY 的原始风味浓厚的仓鼠小屋就制作好了。

③把树枝摆好，用热熔胶把折好的粘成半圆柱形的架子。注意：如果怕摆不好形状，可以先把树枝围在一个圆形的杯子里，用热熔胶粘好半圈，等胶水干透了自然会形成半圆柱的形状。

亲子旅程 北京市红螺寺十二生肖园
上海迪士尼十二朋友园
张家界十里画廊赏锦鼠观天

牛郎和织女

牛

牛 醜

《**西**游记》中的牛魔王，是个厉害的角色，就连孙悟空都叫它"牛大哥"。

在十二生肖中，牛排在第二位。它吃苦耐劳，乐于奉献，是人类忠诚的伙伴。在农耕社会，牛可以帮助农民伯伯耕田，是农业中主要的劳动力。牛多做一点儿农活，农民伯伯就可以少做一点儿，就会轻松很多。所以，人们喜欢牛，也常常赞赏它们任劳任怨、勤劳踏实的秉性。

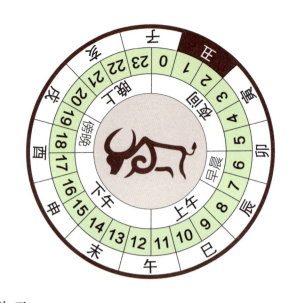

 纪时

凌晨一点至三点，属丑时。

农民用牛耕田，牛习惯在夜间吃草，农户一般在深夜提灯喂牛，这样牛才能长得肥大。牛与丑时联系在一起，就有了"丑牛"。

纪月

农历十二月为丑月。节气处于小寒—大寒—立春前这段时间。

农历十二月，天气寒冷，老牛归棚。古人们把农历十二月叫做"牛月"。

属牛的名人

李白 "诗仙"
苏轼 北宋文坛领袖
柳宗元 唐朝散文家
孝庄皇后 清女政治家

纪年

小朋友们，看看下面的表格，看看自己的家人或好友，有没有属牛的吧。

1925 农历乙丑年	1937 农历丁丑年	1949 农历己丑年
1961 农历辛丑年	1973 农历癸丑年	1985 农历乙丑年
1997 农历丁丑年	2009 农历己丑年	2021 农历辛丑年

特生点肖 力量

　　牛的身上几乎都是瘦肉，体形非常稳健，尤其是它的筋腱十分强健。在我国民间，牛象征着力量。有一个与牛相关的成语"牛高马大"，用来形容高大强壮的汉子。

特生点肖 吃苦耐劳

　　在中国的传统文化中，牛是劳动人民勤勤恳恳的象征。牛吃苦耐劳，古时候能帮农民伯伯做许多农活，像耕田犁地、拉车等，这样农民伯伯就轻松多了。

特生点肖 倔强

　　"拗"字，有倔强的意思，在俗语中，"拗"同"牛"。牛耕田的时候不会拐弯，人们就常说牛是倔强的，有些人脾气倔强执拗，人们就说他是"牛脾气"。

生肖传说 牛郎和织女

在我国民间，有一个浪漫的爱情故事——牛郎和织女。

传说，牛郎依靠一头老牛（本为天上的金牛星）自耕自食。

有一天，织女下凡，牛郎在老牛的帮助下认识了织女。织女留在了人间，做了牛郎的妻子，他们两人生儿育女，过着男耕女织的幸福生活。玉帝知道了这件事，派王母娘娘押解织女回天庭受审。

牛郎上天无路，老牛告诉牛郎，在它死后，披上它的皮就能上天，说完老牛就死了。牛郎照它的话做了，剥了老牛的皮披在身上，用一对箩筐挑着两个儿女，追赶织女。

牛郎一路追赶，眼看就要追上织女了，王母娘娘忽然拔下头上戴的金钗，在天空划出了一条银河。牛郎无法过河，一边看着对面的织女一边哭，织女看着牛郎，也伤心地哭了。无数喜鹊被牛郎和织女感动了，它们用身体搭成了一道跨越天河的彩桥，让牛郎织女在桥上相会。王母娘娘十分无奈，只好允许牛郎织女每年农历七月初七在鹊桥上相见一次。

人们同情牛郎织女的同时，也十分同情那头老牛。老牛具有奉献精神，为了成全牛郎织女的爱情，它牺牲了自己的生命。

生肖传说 十二生肖为啥有牛

传说，牛是玉帝殿前的差役，时常往返于天宫和人间之间。

有一天，农夫托牛给玉帝传个口信，说是人间寸草不生，请玉帝带点草籽给人间。于是，玉帝派遣牛去人间撒草种。玉帝叮嘱牛到人间后走三步撒一把草籽。牛把玉帝的旨意记成了走一步撒三把草籽。

牛来到了人间，每走一步就撒了三把草籽。第二年，野草丛生，农夫没法种庄稼。玉帝知道后大怒，对牛说："你太粗心了。以后，你和你的子子孙孙都只准吃草，帮助农夫耕田。"

牛是个知错就改的好动物。到凡间后，它任劳任怨，勤恳踏实，为农夫做了不少工作，人们都很喜欢它。牛凭借对人类的贡献，被人们一致推选为生肖。

民俗 鞭春牛

鞭春牛，又被人们称为祭春牛、鞭土牛，是中国传统岁时风俗。因为怕牛休息一冬后变懒，所以要用鞭子打它的方式提醒它该辛勤耕作了，这就是"鞭春牛"。鞭春牛用的春牛有两种，泥制的和纸扎的。

泥制的春牛会被打得稀巴烂，然后人们会争抢碎土，把碎土扔进田里，认为这样做就会丰收。而纸扎的春牛，人们会提前在牛肚子里装满五谷，牛被鞭打之后，五谷流出，人们认为这是丰收的象征。

民俗 送春牛

从古时候起，我国民间就有送春牛的习俗。人们还把送春牛称为报春、打春、赞春。在立春前几日，有人会边敲小锣竹板，边唱赞春词，挨家挨户送《春牛图》。《春牛图》是古时候一种预知当年天气、降雨量、农作收成等资料的图鉴。每幅画都画了一头牛和一个牵牛的芒童（主管树木发芽），左右两旁还写着诗句，这些句子一般写的就是对当年庄稼收成的预测。

民俗 牛王会

中国民间把每年农历六月初八这一天称为牛王会。相传，这一天是牛王菩萨的诞生日。在人们心中，牛王菩萨是护佑儿女平安的保护神。所以在这一天，人们还要举行规模宏大的祭奠活动。

在陕西横山县的华严寺，这项活动竟然已经持续一千多年了。

民俗 斗牛

在我国的农耕地区，有斗牛的习俗，浙江金华的斗牛最有名。在金华北乡一般会在每年春播结束后进行"开角"（每年第一次斗牛），一直到第二年春耕前"封角"（每年最后一次斗牛），除了因农事忙而稍有间断外，几乎是每月一大斗，半月一小斗。

文化 戏曲 《小放牛》

《小放牛》是一首河北民间的歌舞小调。它讲的是村姑向牧童问路，俏皮的牧童故意为难她，要村姑回答出他提的问题才告诉她。于是两人就一问一答，边歌边舞地演唱起来。

文化 历史故事 田单火牛阵复国

在齐国故都山东省淄博市，至今流传着"火牛阵"的传说。

话说，在战国时期，燕国乐毅统帅五国联军攻打齐国，一连攻破了齐国七十余城，最后只剩了莒城（今莒县）和即墨。

危亡之际，坚守即墨城的田单将军向百姓征了一千多头牛。他命令士兵在牛角上绑上两把锋利的刀，在牛尾巴上绑上柴草、火药，在牛身上画一些恐怖的图案。到了夜晚，士兵把牛队赶到城外，点着它们的尾巴。一千多头牛被烧得大发脾气，朝着燕军兵营方向猛冲过去。齐军的五千名敢死队员拿着大刀、长矛，紧跟着牛队，冲杀上去。城里无数的老百姓也都一起来到城头，拿着铜盆狠命地敲打起来。睡梦中被惊醒的燕国士兵有的被牛角上的刀扎死了，有的被牛踩死了，有的被敢死队员砍死了。

齐军乘胜追击，收复了被燕国和秦、赵、韩、魏四国占领的七十多座城，齐国复国。

根据火牛阵的传说衍生出的京剧《火牛阵》十分精彩，值得一看。

文化 诗句

俯首甘为孺子牛

横眉冷对千夫指

上句的意思是无论面对什么样的敌人我们都不屈服。下句的意思是要像牛一样无私为人民服务。选自鲁迅的七言律诗《自嘲》。

文化 剪纸

牛年剪纸——福

这张剪纸，中间有一头牛，牛上方有一个"福"字。剪纸四周是极具中国传统特色的纹饰。这张剪纸的寓意是牛年福运连连。

人类的好朋友——牛

大自然里生活着很多不同种类的牛，包括黄牛、奶牛、牦牛、水牛等，其中水牛在我国南方比较常见。现在让我们来认识一下吧。

 北京颐和园铜牛

西安经文牛文化陶瓷博物馆

拉萨西藏牦牛博物馆

角粗大而长，向后方弯曲

毛很稀疏，灰黑色

体躯高大结实，骨骼粗壮

性情温顺，便于管理

四肢粗壮有力

蹄大而圆，质地坚实

 # 制作橡皮泥奶牛

你知道吗？我们每天喝的牛奶是从奶牛身上挤的。小朋友们，自己用橡皮泥捏一头可爱的奶牛吧！

① 准备黑色、灰色和白色橡皮泥，以及小铁圈。

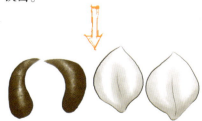

② 用灰色橡皮泥捏出牛角，用白色橡皮泥捏出牛耳朵。在耳朵的中心处压出一条线。

③ 用白色橡皮泥捏出牛的身体和四条圆腿。将牛角、牛耳朵和四条圆腿粘在对应的位置。

④ 用黑色橡皮泥捏出两个小圆球，作为鼻孔，粘在头部的对应位置。将小铁圈粘在鼻孔处，作为鼻环。

⑤ 用黑色橡皮泥再捏两个小圆球，作为眼睛，粘在对应位置。另外，用黑色橡皮泥捏出奶牛身上的黑色斑点，粘在对应位置。

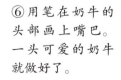

⑥ 用笔在奶牛的头部画上嘴巴。一头可爱的奶牛就做好了。

老虎和孙思邈

虎

《小》熊维尼与跳跳虎》是许多小朋友喜欢看的动画片。跳跳虎有一根弹跳尾巴，它做事情总是急躁鲁莽，总是没搞清楚状况就跳起来了。可以说，蹦蹦跳跳就是跳跳虎热爱生活的表现哦！

十二生肖中的虎，排在第三位。除了龙之外，虎是生肖中最凶猛的动物了，它可不像动画片中那么可爱、有趣。在自然界中，能够和老虎抗衡的动物很少，再加上老虎的额头上有中文的"王"字形斑纹，所以老虎在中国就当之无愧地成为了兽中之王。

作生用肖 纪时

凌晨三点至五点，属寅时。

在寅时，昼伏夜行的虎十分凶猛，古时在这个时间段还能听到虎啸声。虎与寅时联系在一起，就有了"寅虎"。

作生用肖 纪月

农历一月（正月）为寅月。节气处于立春—雨水—惊蛰这段时间。

农历一月，寒冬未尽，冰天雪地，山野空旷，很少有动物活动，只有老虎出没山林觅食，虎的吼叫声传遍四野。人们称正月为"虎月"。

作生用肖 纪年

古人为了方便，每年用一种动物来代表这个年份，这就是十二生肖纪年法。小朋友们，看看下面的表格，看看自己的家人或好友，有没有属虎的吧。

属虎的名人

李时珍
明代医药学家

魏 源
清代思想家

孙中山
近代革命家

1926 农历丙寅年	1938 农历戊寅年	1950 农历庚寅年
1962 农历壬寅年	1974 农历甲寅年	1986 农历丙寅年
1998 农历戊寅年	2010 农历庚寅年	2022 农历壬寅年

 福气

　　在我国民间，老虎被尊崇为"瑞兽"。虎与"福""富"谐音，寓意福运临门，富贵盈门。百姓家中悬挂虎画有纳福的吉祥寓意，五虎图有五福临门的寓意。

王者气度

　　老虎是勇猛的动物，喜欢冒险，它额头上的"王"字花纹，是"王者"的象征。在人们看来，老虎的"言谈举止"都展现出王者气度，老虎是不能得罪的。人们尊称老虎为"兽中之王""镇山之神""山君"。

　　民间谚语中还有一种说法，即"老虎嘴边的胡子"——谁敢去摸。

老虎求医

　　传说，有一次，唐代名医孙思邈在路上遇到了一只老虎，老虎没有伤害他，而是跪了下来。孙思邈感觉很奇怪，就仔细看了看老虎。他发现有一只金钗卡在了老虎喉咙里，才明白老虎是想求医。孙思邈向老虎提出了一个要求，如果它以后不再伤人，就为它医治，老虎答应了。孙思邈为老虎治好伤以后，老虎守信不再伤人，为报恩成为了孙思邈的坐骑，为孙思邈治病救人提供了方便。

 机智

　　老虎思维活跃，在捕猎时谨慎、机智。一般情况下，在捕食前，老虎会埋伏在一个地方，待猎物靠近后上前捕捉。如果要捕捉体积大的动物，机智的老虎会先耗尽猎物的体力，然后再扑上去，准保能捕捉到猎物。

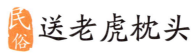 送老虎枕头

在山西，有"送老虎枕头"的育儿风俗。每逢小孩过生日时，当舅舅的要送外甥一只或一对老虎枕头，既可以拿来当枕头，又可以拿来当玩具。枕头寄托着舅舅对孩子健康成长的祝福。

民俗 穿虎头鞋

在我国民间，经常看到长辈们在给孩子做虎头鞋。大人们给孩子穿虎头鞋，不仅是为了好看，还把虎头鞋看成是孩子的护身符。人们认为虎是百兽之王，能够驱邪避灾，而给孩子穿虎头鞋可以保佑孩子健康安宁。

虎头鞋的鞋头上是老虎头。老虎头有耳朵、鼻子、眼睛、嘴巴和胡子，额头上还有一个"王"字，形象逼真可爱。

民俗 挂老虎馍

在陕西华县一带，流行"挂老虎馍"的婚姻风俗。迎新前，男方的舅家要蒸一对老虎馍，用红绳拴在一起，新娘一到，便将老虎馍挂在她颈上，进门后取下，由新郎和新娘分着吃。

民俗 贴虎窗花

在我国北方，妇女们喜欢用大红纸剪出老虎窗花，贴在门窗、室内，以求吉祥、喜庆，此外也有辟邪、驱鬼的意图。

老虎学艺

传说，很久以前，老虎没有捕捉猎物的本领。老虎看到猫会许多本领，就拜猫为师。猫把扑、抓、跳等本领都教给了老虎，却担心凶狠的老虎会欺负自己，所以留了一手，没有教老虎爬树。当老虎认为已经把猫的全部本领都学会以后，它居然真的向猫扑了过去。机智的猫纵身爬上树梢，躲过一劫。老虎蹲在树下无计可施。

老虎向猫承认了错误，央求猫把爬树的本领传授给自己。可是，猫怕它以后会再攻击自己，就拒绝了它。后来，老虎就仔细观察猫是如何上树的，渐渐地掌握了一点儿爬树的本领，只是爬得慢、爬不高。

送布老虎

在陕西，有送布老虎的育儿风俗。小孩满月时，舅家要送去一只用黄布做的老虎，进大门时，要将虎尾折断一节扔到门外。送布老虎是祝愿孩子长大后像老虎那样有力，而折断虎尾是希望孩子在成长的过程中能够免灾免难。

神虎镇宅

镇宅神虎是中国传统吉祥图案。虎为兽中王，旧时中国民间把老虎视为人们生活安宁的象征。"神虎镇宅"流露出了人们想要保卫幸福生活的愿望。

对联

春为一岁首

虎作百兽王

上联表达了对春的期盼，下联则说明了虎胆壮志。

中堂挂虎

中国传统民居中，喜欢用狮子守门，用老虎挂在客厅中堂。

中堂通常是一幅竖卷轴图，两边配上一副对联。卷轴上的老虎，有上山虎和下山虎之分。上山虎饱食归来，饰以松枝明月，显得宁静深远，寓意平安无事。下山虎采用饿虎扑食的姿势，常常配上雪景山石，突出虎威，用来镇宅避邪。

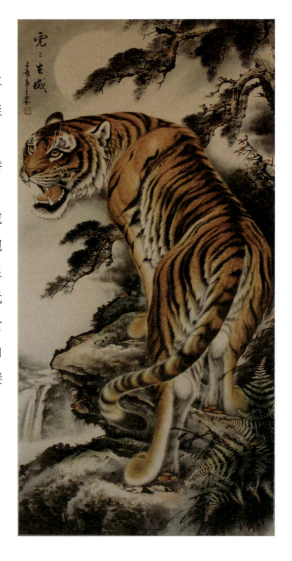

剪纸　虎年剪纸——虎年大吉

虎的剪纸在我国民间深受喜爱。一是因为剪纸上的老虎形象可爱，二是人们认为家中有老虎可以驱走病魔。这张剪纸，有两只老虎，老虎四周有花草。两只老虎的头顶上方有个"福"字，表示老虎替大家守着福气。这幅剪纸寓意虎年大吉。

剪纸　虎年剪纸——福虎

这张年画色彩鲜艳，红色的老虎身上装饰着花纹。老虎上方有一个红色的"福"字，还有小鸟和鲜花。这幅画充满喜庆之感，寓意虎年福气多多。

文化 **调兵遣将的虎符** 东周铜鎏金虎符

中国虎文化渊远流长，它很早就成为中国的图腾之一。由于虎的形象威风凛凛，因此古代调兵遣将的兵符上面就用黄金刻上一只老虎，称为虎符。

虎符是古代帝王调兵遣将用的兵符，最早出现于春秋战国时期，用青铜或者黄金做成伏虎形状的令牌，劈为两半，其中一半交给将帅，另一半由帝王保存，只有两个虎符同时合并使用，持符的人才能获得调兵遣将的权力。

文化 **武松打虎的故事**

《武松打虎》又名《景阳冈》，出自明代施耐庵的小说《水浒传》中的第二十三回。

这个故事讲的是梁山好汉武松回家探望兄长，路过景阳冈时，在路边的酒馆喝了十八碗酒。当他想继续往前走时，酒家告诉他冈上有一只会吃人的老虎。酒家劝他不要上去丢了性命，但武松不相信，可他到了冈上果然遇到了一只额头白色的老虎。武松用双拳将虎打死，为当地老百姓除去一大害。

京剧《武松打虎》为四喜班武生重头戏，十分精彩，值得一看。

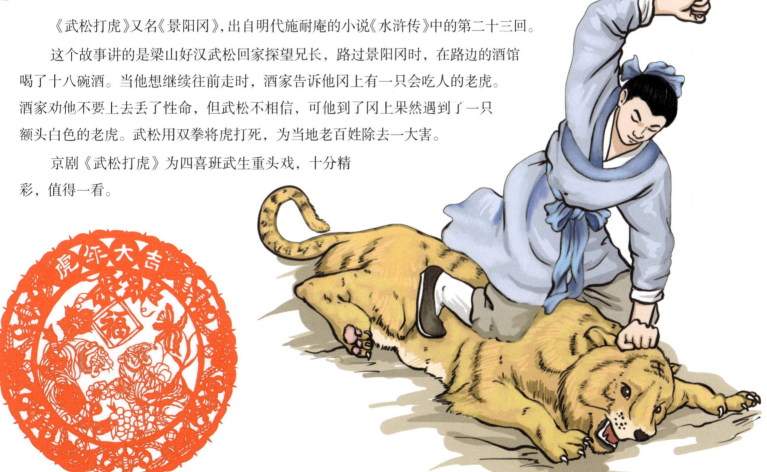

"兽中之王"老虎

　　老虎，这个"兽中之王"，已经成为珍稀濒危动物，全球野生虎数量只有几千只。老虎有多个种类，最常见、数量最多的是孟加拉虎，体型最大的则是东北虎。

东北虎
体长可达 350 厘米
体重可达 350 千克

尾长可达 120 厘米
尾巴可以防御
也用于维持运动平衡

会游泳

动手制作

制作布老虎面具

　　用老虎做面具，看起来一定会威风凛凛。小朋友们，自己动手制作一个老虎面具吧！

①准备无纺布、胶水、剪刀、弹力绳。

后腿粗壮
膝盖向后弯
弹跳力可达 10 米

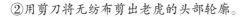

②用剪刀将无纺布剪出老虎的头部轮廓。

③剪出老虎的鼻子、嘴巴、斑纹，并用胶水粘贴在老虎头部对应位置。

④将弹力绳拴在无纺布老虎头部的两侧。一个简单的老虎面具就做好了。

额头有"王"字纹

东北虎林园

东北虎林园位于黑龙江海林，是世界最大的东北虎繁育饲养基地。这里生活着 1000 多只东北虎，还有一座东北虎陈列馆。公园里除了步行区和观虎台之外，其他景点都要坐在车里领略老虎的风采才行。因为面对面的话，老虎会因为自保而伤害你的。

夜视能力超强
晚上借助微光
就能捕食

咆哮声非常响亮
可以传到 3000 米之外

喜欢捕食野鹿、野羊等大型哺乳动物
每顿可吃 20 千克以上
然后五六天内可以不吃肉

体毛较长
身上有黑褐色条纹

前足有 5 个脚趾
趾端连有尖锐的虎爪
虎爪可以自由伸缩

白虎是孟加拉虎的一个变种，白底黑纹，野生白虎非常罕见，人们很少在野外看见它们。

 亲子旅程

广州长隆野生动物园

广州长隆野生动物园位于广州番禺，是全世界动物种群最多、最大的野生动物主题公园，这里生活着 500 多种珍奇动物，动物的数量有 20000 余只。白虎是这里的镇园之宝，有 150 多只，是世界上白虎最多的园区。园内还有华南虎、金虎、银虎以及孟加拉虎和东北虎等六大虎种共达 300 多只。

嫦娥和玉兔

兔

全世界的小朋友几乎都看过《兔八哥》这部动画片，里面有一个可爱的卡通形象——兔八哥。兔八哥就是根据现实中可爱的小兔子创造出来的，兔八哥活泼开朗，有时候爱惹是生非，而在面对敌人时，兔八哥又十分机智。

十二生肖中的小兔子，它排在第四位。兔子是极其可爱、温顺的一种小动物。虽然不能像牛那样能耕田，也不能像马那样可以上战场，可是兔子能作为宠物来养，它能为人们的生活带来很多乐趣。我国民间有不少关于兔子的艺术品，比如兔儿爷。这些艺术品代表着人们对兔子的喜爱之情。

纪时

五点至七点，属卯时。

卯时天刚亮，兔子从窝里跑出去，去吃还带着露水的青草。兔子与卯时联系在一起，就有了"卯兔"。

纪月

农历二月为卯月。节气处于惊蛰—春分—清明这段时间。

农历二月，大地复苏，春风送暖，小草萌芽，小兔子此时开始活跃起来。故人们称农历二月为"兔月"。

属兔的名人

乾隆	狄仁杰
掌权最长皇帝	唐代名臣
曹丕	陈独秀
三国魏开国皇帝	中国共产党创始人之一

纪年

小朋友们，看看下面的表格，看看自己的家人或好友，有没有属兔的吧。

1927 农历丁卯年	1939 农历己卯年	1951 农历辛卯年
1963 农历癸卯年	1975 农历乙卯年	1987 农历丁卯年
1999 农历己卯年	2011 农历辛卯年	2023 农历癸卯年

温顺

兔子性格温顺，看起来柔柔弱弱的，即便人用手去触摸它，它也不会伤害到人。所以兔子是很受欢迎的宠物。

可爱

兔子有着毛茸茸的皮毛，眼睛很有神，耳朵竖立，没有尖利的爪子，它的尾巴很短，团起来就像一个手感柔软的小球。它还有强健的后腿，而且比前腿长得多。兔子样子十分可爱。

活泼

因为兔子前肢短后肢长，所以它善于跳跃，跑得很快。兔子安静的时候能很久不动，不过动起来的时候，会原地跳跃，有时还像跳舞一样边跳边摆头。

玉兔为啥住在广寒宫

传说，在很久很久以前，玉帝变成了一个可怜的老人，向狐狸、猴子、兔子求东西吃。狐狸把刚刚从河里抓来的鱼献出来，猴子把刚刚摘的香蕉献出来，而兔子却什么也没用。兔子说："你吃我的肉吧！"玉帝十分感动，就把兔子送到了广寒宫，成了玉兔，捣制长生不老药。

广寒宫住着一位美丽的仙子——嫦娥，她一直独自生活，有了玉兔的陪伴，她就不感到孤单了。

小孩穿兔儿鞋

在过去，过中秋节的时候，有一种兔儿鞋专门给一岁以上、五岁以下的小孩穿的，鞋的顶端做成兔头样式。人们认为，穿了兔儿鞋，小孩就能够像兔子一样敏捷。

生肖传说 "兔牛赛跑"的传说

龟兔赛跑的故事小伙伴们估计是都听说过，民间还有一段有趣的"兔牛赛跑"的传说，你听说过吗？

相传兔子和黄牛是邻居，他俩相处得很好，互称兄弟。黄牛以勤劳苦干闻名远近，兔子则以机灵能干著称乡里。

有一天，善于长跑的兔子向黄牛炫耀道："我是咱动物界的长跑冠军，谁也跑不过我！"黄牛便向兔子虚心求教长跑的绝招，兔子骄傲地说："长跑得靠先天的素质，学是学不来的。"又扫了一眼黄牛，摇摆着头说："再说，长跑得身轻体健，瞧你老兄这粗壮的身子，怎么可能跑得快？"

黄牛的心给兔子说得凉了半截，可心里却不服气。从此，黄牛开始练长跑，凭着一股坚韧不拔的牛劲，终于练成了一双"铁脚"。他尾巴一翘，四蹄如风，跑几天几夜也不知疲乏。

到了玉皇大帝选生肖的日子，依照规则，谁先到就让谁当生肖。黄牛与兔子约定，鸡叫头遍就起来，一起直奔天宫争生肖。

鸡叫头遍黄牛起床时，兔子早就一个人跑了。兔子跑了好一阵子，不见任何动物的影子。他心想：我今天起得最早，跑得又最快，就是睡上一觉，这生肖的头名也非我莫属。于是，他就呼呼地大睡起来。

黄牛虽然落后了，但他有坚韧的耐力和平时练就的铁脚，一鼓作气，当兔子还在酣睡的时候，就先跑到了天宫。

一阵急促的脚步声惊醒了兔子，他睁眼一看，原来是老虎一阵风般地跑过去了。这下兔子急了，急忙追赶，可惜慢了一步，始终还是落在了老虎后面。由于牛的双角间还蹲了一只投机取巧的小老鼠，结果兔子只排到了第四位，前三名是鼠、牛和虎。

中秋节祭拜月神

在中秋节时，民间有祭拜月神的习俗。届时，人们会摆放香案，在上面供奉"月光码儿"（是用秫秸扎架子糊上神纸）。"月光码儿"上印着"太阴星君"的字样和玉兔捣药的形象。

 ## 兔儿爷

旧时的北京中秋节有祭拜兔儿爷的习俗。人们把兔儿爷当做神灵，真诚地祭拜它，还会用它的形象做成儿童玩具。兔儿爷兔首人身，多为泥制，色彩艳丽，形态各异。

 ## 诗句

白兔捣药秋复春

嫦娥孤栖与谁邻

这两句围绕着有关月亮的神话传说展开联想，对玉兔的辛勤捣药以及嫦娥的孤寂独处充满同情，同时也流露出诗人自己孤寂的情怀。诗句出自李白的《把酒问月》。

梧桐双兔图

梧桐双兔图是清代宫廷画家冷枚的作品，这幅画现收藏于北京故宫博物院。这幅画画在绢上，高 175.9 厘米，横 95 厘米，画中有两只白兔卧于梧桐树下。画用了工笔重彩，线条挺拔有力，很见功夫，色彩也很鲜艳明快；但是同时又受到欧洲画风的影响，双兔造型准确，皮毛的质感较强，尤其是兔子的眼睛用白粉画出反光，显得晶莹透亮。

这张剪纸，有两只兔子相对而卧，下方是一个"财"字，上方是一个大大的"福"字，另外画面中还呈现出了"玉兔迎春"四个字。此剪纸寓意兔年有福运。

借喻

古时候，人们常用"兔"给马命名。秦始皇曾给自己喜爱的一匹骏马起名叫"白兔"，三国名将吕布的马叫"赤兔"。他们这样叫自己的马，除了说明马是白色、红栗色的毛以外，还想向大家炫耀他们的马像兔子一样跑得快。

可爱的兔子

在大自然中，兔子的种类多达45种。在我们国家，最常见的是体型小小的、毛茸茸的白兔子。外国人把它们叫做中国白兔。这种品种在古代就有了，现在我国各地都有人饲养，四川省尤其多。

躯体像一个毛茸茸的椭圆

尾巴很短

成年兔重 2~2.5 千克
毛洁白、茂密

制作兔子信封

小兔子乖巧可爱，深受人们的喜爱。小朋友们，动手制作一个可爱的兔子信封吧！这样你可以把自己想对父母说的话写在纸上，装进信封中，再拿给父母看。

①准备黑色彩笔、粉色毛绒球、信封、白色卡纸、粉色卡纸、灰色卡纸、剪刀和胶水。

②拿白色卡纸剪出兔子耳朵外面的样子，拿粉色卡纸剪出兔子耳朵里面的样子。拿灰色卡纸剪出两根长条做胡须。再拿一张白色卡纸剪出一个长方形，再在中间画一条黑线，这样兔子的门牙就有了。

红红的眼睛

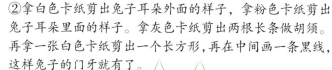

③将耳朵粘在对应位置（信封背面上方）。

④在信封正面，把红色纸粘贴在耳朵那里，并把门牙粘贴到信封正面的下方。

鼻头是红色的

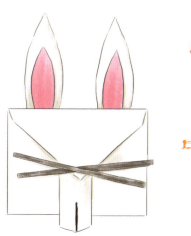
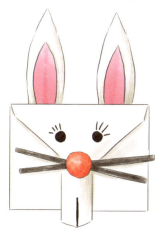

三瓣嘴
喜欢吃胡萝卜、草

⑤把胡须粘在三角区域下方，即门牙上方。

⑥用黑色彩笔在三角区域上方画好眼睛，并把粉色毛绒球粘在三角区域的尖角处（胡须中间）。一个可爱的信封就做好了。

四肢短小

亲子旅程　四川江油中国兔文化博物馆　　河北秦皇岛兔耳山

福建福州兔耳山　　浙江余姚玉兔岛

四川稻城兔儿山

鲧禹治水

龙

中国的文化，从远古时期到当下，都绕不过美丽而强悍的神兽——龙。几千年来，我们中国人一直都敬爱龙，崇拜龙，把龙当做我们中华民族的象征，也把自己称为龙的传人。

龙，是一种什么样的动物呢？你一定看过《西游记》吧！还记得里面的东海龙王吗？东海龙王的龙宫有很多宝贝，孙悟空用的金箍棒就是从那得到的。另外，唐僧骑的马，就是一条小白龙变的。

在我国的古代传说中，有龙；在《西游记》中，有龙；在十二生肖中，也有龙。可是，龙并不是现实中存在的动物哦！龙是古代人想象出来的一种动物，它神通广大，会在天空飞，会在水中游，能够呼风唤雨。

纪时

七点至九点，属辰时。

辰时容易起雾，传说龙擅长腾云驾雾，大雾之中"神龙见首不见尾"，人们只能隐约地看到龙。龙与辰时联系在一起，就有了"辰龙"。

纪月

农历三月为辰月。节气处于清明—谷雨—立夏这段时间。

农历三月多雾，多雷雨，传说龙会在雾中显现。所以人们称农历三月为"龙月"。

纪年

小朋友们，看看下面的表格，看看自己的家人或好友，有没有属龙的吧。

属龙的名人

朱元璋
明朝开国皇帝

皇太极
清朝开国皇帝

邓小平
"改革开放"总设计师

1928 农历戊辰年	1940 农历庚辰年	1952 农历壬辰年
1964 农历甲辰年	1976 农历丙辰年	1988 农历戊辰年
2000 农历庚辰年	2012 农历壬辰年	2024 农历甲辰年

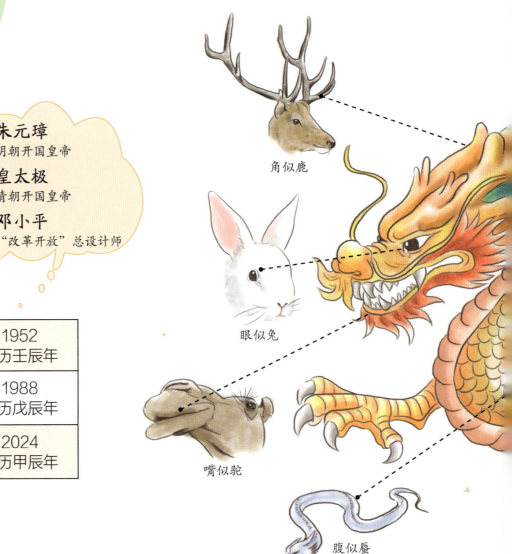

角似鹿

眼似兔

嘴似驼

腹似蜃

光明

　　龙能在天空中飞，能行云布雨，拥有非凡的力量，是水中水族之王。龙象征着光明，在我国民间的许多地方都能看到龙的形象，人们认为有龙在就能驱邪、避灾、祈福。

 勇敢

　　龙的外形很特别，有"九似"，头似驼、角似鹿、眼似兔、耳似牛、项似蛇、腹似蜃、鳞似鲤、爪似鹰、掌似虎。人们赋予了龙无所畏惧的精神，它能上九天，能潜深渊，威风凛凛、勇敢无比。

耳似牛

项似蛇

皇权

　　龙神通广大，可以呼风唤雨。古代的皇帝把自己比喻成龙，称为"真龙天子"。皇帝借用龙威来彰显皇权，用龙来比喻自己恩泽百姓、主宰天下。慢慢地龙成为了帝王的象征。皇帝穿的衣服叫龙袍，皇帝坐的宝座叫龙椅，皇帝生气了就叫龙颜大怒，皇帝的后代被称为龙种。

鳞似鲤

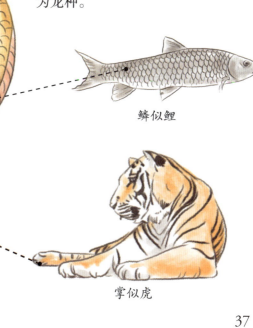

掌似虎

爪似鹰

传说生肖 龙生九子

在我国古代，民间流传着"龙生九子，不成龙，各有所好"的传说。

老大囚牛（qiú niú）：外形为牛头龙身，喜欢音乐，常蹲在琴头上欣赏音乐。

老二睚眦（yá zì）：外形为龙角豹身，好斗，常被人们刻在刀、剑上。

老三嘲风（cháo fēng）：外形像狗，喜欢瞭望，人们常用它的形象作为殿角的装饰。

老四蒲牢（pú láo）：外形为龙形，声音洪亮，人们常用它的形象作为洪钟上的龙形兽钮。

老五狻猊（suān ní）：外形像狮子，喜欢烟，其形象一般出现在香炉上。

老六赑屃（bì xì）：又名霸下，长得像乌龟，喜欢负重，许多建筑物都会以霸下等石雕为形象代表。

老七狴犴（bì àn）：外形像老虎，有威力，喜欢主持正义，人们常用它的形象作为狱门上部的装饰。

老八负屃（fù xì）：外形为龙形，迷恋诗文、书法，人们常用它的形象作为石碑两旁的文龙。

老九螭吻（chī wěn）：外形为龙头鱼身，喜欢东张西望、吞东西，人们常把它用作建筑物的装饰。

囚牛　　睚眦　　嘲风　　蒲牢　　狻猊　　赑屃　　狴犴　　负屃　　螭吻

传说生肖 鱼跃龙门

大禹是我国历史上第一个王朝——夏朝的开国君主。当时黄河泛滥，大禹率领民众与洪水斗争获得了胜利，过后人们拥戴他继承了皇位。

相传大禹治水时曾在龙门山开凿龙门，"鲤鱼跳龙门"的说法就发源于此。据说，当年大禹开辟的龙门有 500 多米长，黄河就从中间流下去。每年春季最后的时日，来自大海和诸多河流的黄色鲤鱼都会游到这里，逆流而上。一年之中，可以跃过龙门的鲤鱼只有 72 条。鲤鱼一登上龙门，就有云雨跟随，天降大火从后面烧掉它们的尾巴，鲤鱼瞬间变成了龙。

后来，人们用"鱼跃龙门"来比喻考试中举、升官等飞黄腾达之事，也比喻逆流前进，奋发向上。

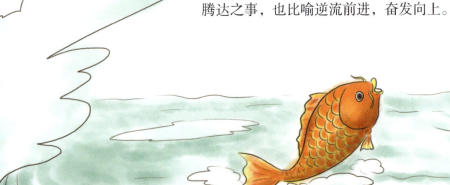

元宵节，舞龙灯

在我国民间，每逢元宵节都会举行舞龙灯的活动，多在晚上进行。龙头前有一个人举着竿，竿顶竖一大球（叫做绣球、龙珠），作为引导。大球前后左右四周摇摆，龙头做着抢球的动作，引导着龙身游走飞动，时而腾起，时而俯冲，变化万千，不时有人燃放鞭炮、焰火，敲打得锣鼓齐鸣，好不热闹！

端午节，赛龙舟

赛龙舟是一种多人集体划桨竞赛，多在喜庆节日举行。每年农历五月初五为端午节，这天很多地方都要举行赛龙舟。龙舟与普通的船不一样，船头饰龙头，船尾饰龙尾，船身上还画着画。

二月二，龙抬头

每年的农历二月初二是"龙头节"，又叫"青龙节"。传说，这一天龙从沉睡中醒来，要抬头升天。在这一天，人们有祭祀龙神的习俗。在二月二这天，有的地方有理发的习俗。人们认为这一天剪头发能带来一年的好运。另外，有些地区的人还会吃龙须面（面条）、龙鳞饼（烙饼）、龙耳（饺子）等。

六月六，晒龙袍

中国民间广泛流传着一句俗语："六月六，晒龙袍。"在古代，六月初六这天是皇宫为皇帝晒龙袍的日子。后来，民间的百姓也开始在六月初六晒衣服，逐渐就成了一种民俗。夏季阴雨天较多，而六月初六这天，天气一般很好，适合晾晒衣物等物品。

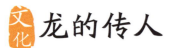 对联

这是清代著名书法家邓石如的草书五言联，字看上去如行云流水般流畅，美观、大方。

剪纸　龙年剪纸——金龙贺岁

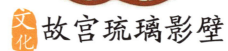

这张剪纸，左右各一条龙，龙头下方有花，两龙尾之间有一个大大的"福"字。整张剪纸呈现出一个苹果的样子，苹果叶子处（剪纸最上方）是"平安是福"四个字。此剪纸寓意龙年平安幸福。

故宫琉璃影壁

故宫中的影壁很多，装饰影壁的元素自然少不了龙。除了鼎鼎大名的九龙壁外，故宫还有一面影壁独具特色，两条龙在云雾中嬉戏一个龙珠，也就是二龙戏珠。

龙的传人

为什么说中国人是龙的传人呢？历史上一直流传着好多种说法。

有这样一个传说：伏羲氏和女娲氏是人类的祖先，他们都是人首蛇身。因为人首蛇身是图腾主义的痕迹，"蛇身"就是"龙身"，所以华夏民族有"龙的传人"之说。

还有一个传说：炎帝是他母亲感应"神龙首"而生，死后化成了赤龙。中国人是炎帝的后代，所以是"龙的传人"。

现在我们的日常生活中处处可见龙的痕迹。除了正月十五舞龙灯、端午节赛龙舟等活动之外，龙剪纸、龙年画及歌曲《龙的传人》等也都是龙文化的体现。

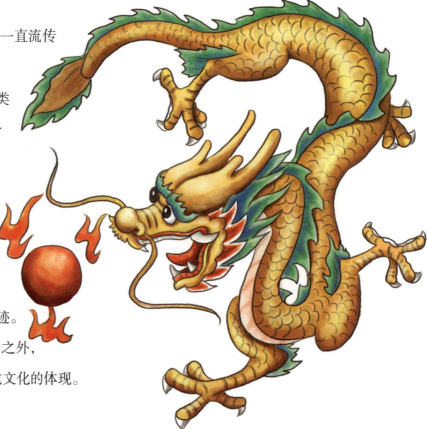

制作中国龙扇子

我们中国人是"龙的传人"，为了更好地感受龙文化，小朋友们，动手制作一把中国龙扇子吧！

 河南焦作嘉应观（黄河龙王庙）

湖北武汉汉口龙王庙

北京故宫九龙壁

①准备好浅色彩纸、彩笔、木条两块、透明胶带、亮粉胶。

②根据下面的龙形轮廓，用红色彩笔在绿色彩纸（也可以用其他颜色的彩纸）上画出龙的轮廓。彩纸上画出龙的轮廓。

③用亮粉胶给龙点睛，并用亮粉胶装饰龙身。

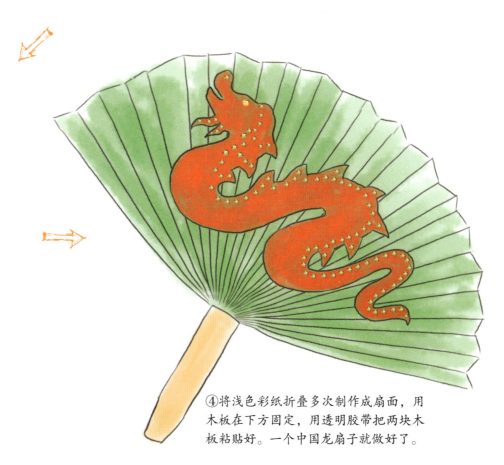

④将浅色彩纸折叠多次制作成扇面，用木板在下方固定，用透明胶带把两块木板粘贴好。一个中国龙扇子就做好了。

41

白素贞盗灵芝救许仙

蛇

《**葫**芦兄弟》这部动画片伴随许多人度过了童年。在这部动画片里，葫芦七兄弟用自己过人的本领，与蝎子精和蛇精进行斗争。这里面的蛇精形象是让人讨厌的坏人。

而在神话传说《白蛇传》中，蛇精白素贞却是好人。她总是帮助百姓，不仅长相美丽，还有着菩萨心肠，懂得医术，为老百姓治病。

十二生肖中也有蛇，排在第六位。在中国的传统文化中，龙与蛇的关系十分密切。在我国有些地区，人们常说蛇年出生的人属"小龙"——中国人最敬爱龙。

我们对蛇真是"爱恨交织"啊，那就让我们来全面认识蛇这个属相吧。

生肖作用 纪时

九点至十一点，属巳时。

巳时大雾散去，艳阳高照，蛇从洞穴中爬出来寻找食物。因此，巳时是蛇最活跃的时刻。蛇与巳时联系在一起，就有了巳蛇。

生肖作用 纪月

农历四月为巳月。节气处于立夏—小满—芒种这段时间。

农历四月，天气暖和了，蜗居在洞里的蛇开始出洞，进入觅食高峰期。故人们称农历四月为"蛇月"。

生肖作用 纪年

小朋友们，看看下面的表格，看看自己的家人或好友，有没有属蛇的吧。

属蛇的名人

祖冲之
南北朝数学家

鲁迅
现代文学家

陆游
南宋爱国诗人

毛泽东
开国领袖

林则徐
虎门销烟

1929 农历己巳年	1941 农历辛巳年	1953 农历癸巳年
1965 农历乙巳年	1977 农历丁巳年	1989 农历己巳年
2001 农历辛巳年	2013 农历癸巳年	2025 农历乙巳年

生肖特点 生命力顽强

蛇的生命力顽强，寿命长。蛇每脱一次皮就能够获得一次新生，这是其他动物都没有的特点。

生肖特点 神秘

蛇一般都会隐藏在草丛中，不会轻易被人看到，因此充满神秘感。就无毒的蛇来说，如果人类不去招惹它，它是不会咬人的。

生肖特点 冷静沉着

蛇遇到危险一般不会轻易出头，它会冷静等待。并且有足够的意志等到合适的时机再出击。因此人们认为蛇是阴险的。

《白蛇传》之许仙借伞

传生
说肖

《白蛇传》是中国四大民间爱情传说之一，描述了一个修炼成人
形的蛇精与人的曲折爱情故事。"许仙借伞"是这个故事
中一段浪漫而又风趣的情节。

　　白素贞和小青来到西湖，寻找前世恩人。忽然，一
个长相俊俏的书生出现在了白素贞的眼前，他就是许仙。

　　调皮的小青看出白素贞喜欢许仙的心意，就想要撮合他们两个，同时
又想捉弄一下许仙。这时，下起了大雨，白素贞邀请许仙前往船舱避雨。此时，
白素贞已经得知面前的许仙就是自己前世的恩人，所以便对他更加倾心。白素贞和许仙
俩人深情地望着对方，望着望着，许仙住的清波门就到了。小青见他们两人情投意合，为了
让他们能再次相见，便要拿了许仙的伞，许仙也担心再下大雨，就顺从地将伞借给了白娘子。

　　后来，许仙前往白娘子的住处拿伞，却又遭到小青戏弄，说白娘子并不稀罕他的破伞。许仙站在路边，
小青的话使他失魂落魄。这时天上又下雨了，才一会儿，许仙浑身就湿透了。又不知何时，忽然他感觉头
顶没有雨滴落下了，他抬起头，发现是白娘子正为他撑着伞。随后，他们二人在雨中凝望着彼此，互相表
明了爱慕之情。

为蛇过生日

浙江一带有在农历四月为蛇过生日的习俗。因为农历四月是巳月，是蛇的月份，而这时也是晒麦子的季节，人们不希望下雨。所以就祭拜蛇，为它过生日，以求它保佑天气晴朗。因此，农民们祭蛇，为蛇过生日，是为了求得晴天，以便晒麦子。

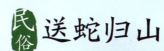 ## 送蛇归山

在青海地区，有送蛇习俗。当地人认为，若攻击蛇而又没有将蛇打死或杀死，就会被蛇报复，对自己家不利。因此，若在家中发现蛇，就把它捉到罐子里或者挑在长杆上，然后将其送到山谷之中，并求它躲进山洞，别再回到家里。

 ## 祭祀家蛇

在江苏宜兴地区，每年元宵节、二月二、清明节、七月十七、中秋节、重阳节、冬至和除夕都要祭祀家蛇，叫请蛮家或斋蛮家。当地人用米粉做成蛇的样子（有的是人首蛇身状）盘绕在笼屉中间，称为米粉蛇，周围还会放许多用米粉做的小团子，象征蛇蛋或小蛇。祭祀家蛇的习俗反映了当地人对蛇的崇拜心理。

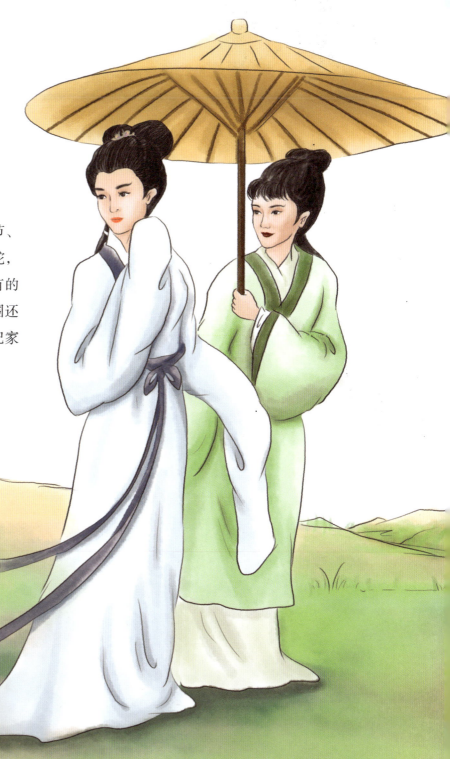

对联

春至小龙舞　梅开中国红

上联，是说蛇年春节到了，以"小龙"点明了蛇年的到来。下联，意思是红色的梅花开了，梅花所开出的"中国红"营造出浓浓的节日气氛。

剪纸　蛇年剪纸——幸福安康

这张剪纸，左右各有一条蛇，剪纸上方有一个大大的"福"字，剪纸上还有花朵。此剪纸寓意幸福安康。

剪纸　蛇年剪纸——雄鸡蛇舞

画面中有一条蛇，上面站着一只鸡。这张年画表现出的是雄鸡蛇舞，寓意蛇年大吉。

蛇神传说

伏羲和女娲是中国古代神话中的一对主神。他们俩既是兄妹，又是夫妻，并且都是上身为人体，下身为蛇体。传说人类就是他们的孩子。女娲被称为人类的始祖。

蛇作为女娲神的化身是上古的一种图腾信仰。在远古人类尚未开化的时代，蛇无足而行及它与生俱来的杀伤力，被认为是神赐予的。神的旨意，自然是不容侵犯的，于是先民多奉蛇为图腾，视它为神的使者，人们敬畏它、膜拜它，还常常祭祀它。

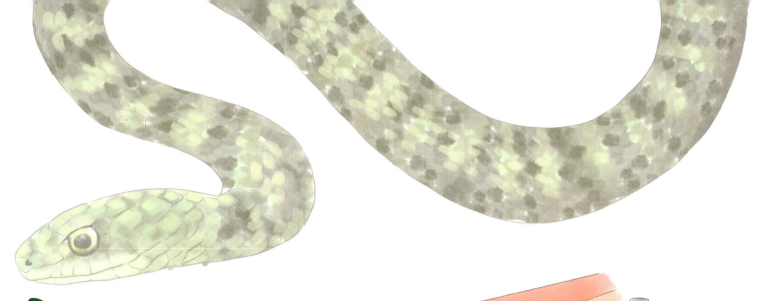

制作小花蛇

小朋友们，利用一下现成的材料，动手 DIY 做一条小花蛇手工吧！

① 准备卡纸、剪刀、胶水、活动眼睛、笔。拿两张颜色不同的卡纸分别剪出两条和蛇身差不多宽的纸条。

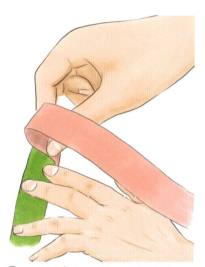

② 两张纸条的一端90度摆放在一起，并用胶水粘好。然后纸条交叉，一条压一条交替折叠。

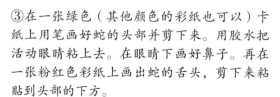

③ 在一张绿色（其他颜色的彩纸也可以）卡纸上用笔画好蛇的头部并剪下来。用胶水把活动眼睛粘上去。在眼睛下画好鼻子。再在一张粉红色彩纸上画出蛇的舌头，剪下来粘贴到头部的下方。

④ 将做好的头部粘贴到编好的卡纸一端。一条小花蛇就做好了。

四川成都青城山
（蛇精白素贞修炼地）
浙江杭州雷峰塔
湖北武汉蛇山

身跨赤兔马、手握青龙偃月刀的关羽

马

"白龙马，蹄朝西……"动画片《西游记》你看过吧，这片尾曲唱的就是唐僧骑的白龙马。白龙马本是西海龙王三太子，后变身为白龙马。

十二生肖中也有马，排在第七位。十二生肖中有马、牛、羊、鸡、犬、猪六畜。而古人把马排在六畜之首，不仅因为马是人类最先饲养的动物之一，还因为马用途太广泛了，它既能耕田，又能作交通工具，还能作战争工具。随着时代的发展，马在人们日常生活中不常见了，可是马在中国文化中的形象仍然熠熠生辉。今天有各种与马相关的体育活动，如马术、赛马、马球等。

纪时

十一点至十三点，属午时。

午时烈日当头。古时野马未被人类驯服，每当此时，四处奔跑嘶鸣。马与午时联系在一起，就有了"午马"。

纪月

农历五月为午月。节气处于芒种—夏至—小暑这段时间。

农历五月，青草茂盛，骏马奔腾，故人们称农历五月为"马月"。

属马的名人

成吉思汗
大蒙古国建立者

康熙
千古一帝

康有为
近代政治家

李自成
明末农民起义领袖

蔡锷
护国讨袁领袖

叶圣陶
现代作家，写有大量童话

纪年

小朋友们，看看下面的表格，看看自己的家人或好友，有没有属马的吧。

1930 农历庚午年	1942 农历壬午年	1954 农历甲午年
1966 农历丙午年	1978 农历戊午年	1990 农历庚午年
2002 农历壬午年	2014 农历甲午年	2026 农历丙午年

忠诚

　　自从人类进入农耕社会，马就成了人类最先饲养的动物之一。马憨厚，帮人类耕田，对人类忠诚，它以优秀的品德，成为人类得力的助手，成为六畜之首。《西游记》中，西海龙王三太子化身的白龙马，驮着唐僧跟着仨徒弟西天取经，可谓西游路上最忠诚的卫士。

勤劳

　　除了耕田之外，马还可以拉车，而且它拉车的技术极为娴熟。马还善跑，古代人们出远门，不是骑马就是乘坐马拉的车出行。马还能驮重物，百余公斤的重物压在身上，马依然能轻松自如地长途跋涉。所以，在人类的心目中，马是十分勤劳的动物。

英勇

　　古时候在战场上，马与兵器一样，发挥着重要的作用。马与主人出生入死，无所畏惧，十分英勇。"赤兔"是汉末三国时期的一匹名马，当时得到"赤兔"的吕布如虎添翼，天下无人能敌。于是就有了人们常说的"人中吕布，马中赤兔"；吕布终究因刚愎自用而被曹操所杀，"赤兔"成了关羽的坐骑，陪伴关羽过五关斩六将，英勇一生。

会飞的天马

传说，在很久以前马有一双翅膀，会飞，因此叫天马。天马是玉帝殿前的御马，有些骄横。有一天，天马硬闯龙宫，踢死了阻挡他的神龟。玉帝知道之后，下令砍去天马的双翅，并将天马压在昆仑山下。有一天，人类的始祖从昆仑山经过时，天马大喊："善良的人类始祖，快来救我，我愿意同你到人世间，为你效力。"人类的始祖听了后，将天马救出来。

为了答谢人类始祖，天马同他来到人世间，为其效劳。平日里，马拉车、耕地、运货。战争开始后，马征战沙场，同主人出生入死。久而久之，人类和马形影不离。

后来，天宫选十二生肖时，人类就把马推荐给了玉帝。

大马灯

大马灯是江苏省南京市高淳区著名的民俗活动，目前在高淳区东坝镇、固城镇两地流传。东坝大马灯是一项模仿战马造型的民间舞蹈，用竹子做成"马架"，外表用绒布制成"马皮"，并饰以马鞍、缰绳、铜铃等。大马灯一般由七匹"马"组成，表演时模仿真马奔跃，在鼓点的指挥下，配以民间器乐，马队交替布阵，场面非常壮观。

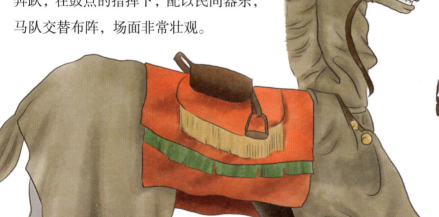

送金马

在陕西澄城地区，流行"送金马"的婚俗。亲事确定以后，经济富裕的男方要送女方一匹小金（银）马。如果男方家庭拮据，可以用一匹黄布马代替。

文化 剪纸 马年剪纸——马到成功

这张剪纸上，一匹俊俏可爱的马抬起一只蹄子，马背上有"马到成功"四个字。这张剪纸寓意为马到成功。

民俗 马球

马球是一项很有意思的体育活动，游戏规则是：人们骑在马上，用球杆击球入门。马球在中国古代叫"击鞠"，汉代的时候有了这项运动。唐朝时期，打马球是最流行的活动。在世界范围，英、美、阿根廷、印度、中东等国家和地区也很盛行这项运动。

民俗 那达慕大会

那达慕是蒙古族人民的传统活动。那达慕大会在每年农历六七月份马羊等牲畜肥马壮的季节举行，主要活动有摔跤、赛马、射箭、套马、下蒙古棋等民族传统项目。赛马是大会的最重要活动之一，取得优异成绩的人，将成为草原上受人赞誉的健儿。

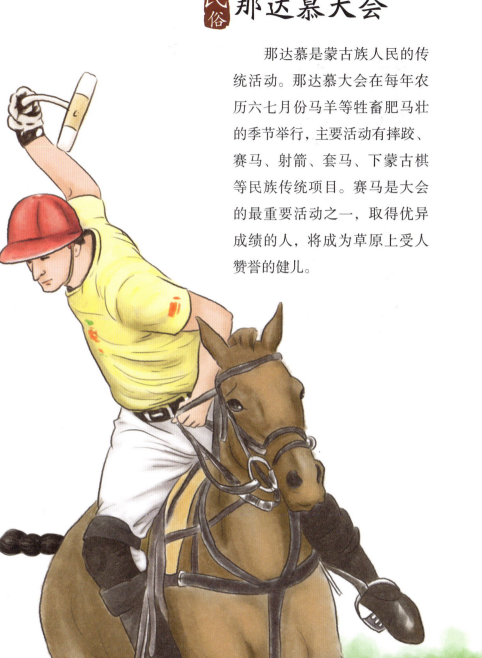

马是人类忠实的朋友，也是人类最好的助手之一。在中国古代，马很是受用，很多少数民族出行也主要依靠马。

燕归一路裁春至

马跃千程逐梦飞

上联，意思是春天来了，燕子归来。下联，意思是马年到了，让梦想起飞。

文化 马踏飞燕

马踏飞燕是东汉青铜器，于1969年出土于甘肃省武威市雷台汉墓。"马踏飞燕"这个名字是根据它的造型而得来的，铜奔马昂首嘶鸣，长尾飘舞，三足腾空，右后足踏在一只飞鸟身上，鸟惊恐回望。可见马的速度非常快，鸟儿都没反应过来。马踏飞燕被视为中国古代高超铸造业的象征，也是中国旅游业的图形标志。

颈部的背侧长有长毛，十分美观

文化 唐三彩马

唐三彩是盛行于唐代的一种低温釉陶器，釉彩以黄、绿、白三色为主，所以人们习惯把这种陶器叫"唐三彩"。唐三彩马颜色鲜艳，造型十分美观，深受人们的喜爱。

马尾巴奔跑时起到平衡的作用，平时也能驱赶蚊虫

马蹄有很厚的角质层（类似我们的指甲），家马经常钉上马掌

废旧纸板制作小马

马是一种忠诚、勤劳的动物。小朋友们，利用废旧纸板，变废为宝制作一匹可爱的小马吧！

耳朵尖小直立，转动角度大，听觉灵敏

非常聪明，长期记忆力惊人，所以有老马识途之说

鼻宽孔大，方便呼吸，有利于奔跑；嗅觉敏锐

上唇很发达，可以一口吃下很多草

目光炯炯却视力不好，容易受惊

有很强的奔跑和跳跃能力

① 准备好纸板、笔、尺子、剪刀。将一块纸板对折，剪一个等腰梯形，作为马的身体。

② 在另一块纸板上画出脖子轮廓，将纸板对折，沿着画好的线进行裁剪，并将剪好的脖子粘贴在对应位置。

③ 拿一张和纸板颜色相同的卡纸。在卡纸上画出头部轮廓，将卡纸对折，沿着画好的线进行裁剪，并将头部粘贴在对应位置。

④ 在新卡纸上画出尾巴线条，折叠卡纸，并沿着画好的线裁剪，并把剪好的尾巴粘贴在对应位置。

⑤ 再用笔在头部画好眼睛。一只小马就制作好了。

亲子旅程 陕西西安秦始皇陵兵马俑博物馆
北京中国马文化博物馆

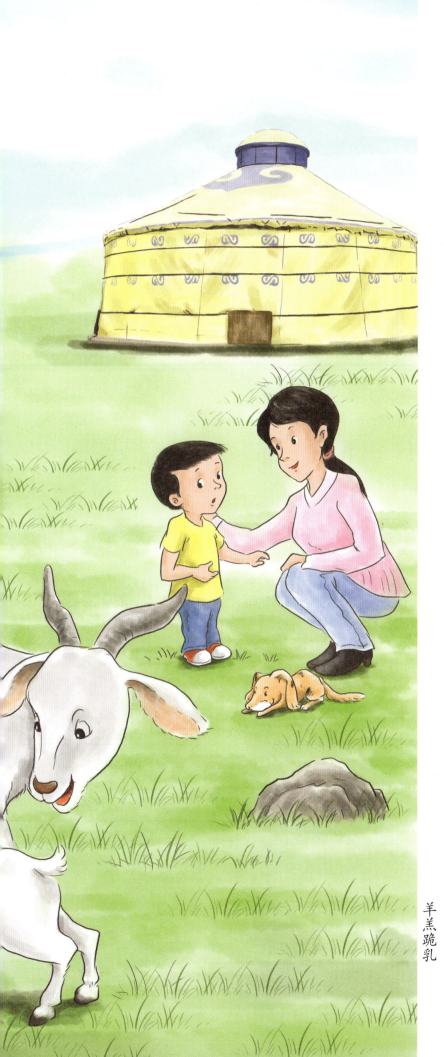

羊羔跪乳

羊

"**别**看我只是一只羊，绿草因为我变得更香，天空因为我变得更蓝……"《喜羊羊与灰太狼》是很多小朋友喜欢的动画片。那里面的羊可多了，聪明的喜羊羊、爱美的美羊羊、慵懒的懒羊羊……

十二生肖中也有羊，排在第八位。羊是一种温顺的动物，深受人们的喜爱。"羊"字古代同"祥"，在古代人的心中，羊是吉祥的象征。

生肖作用 纪时

十三点至十五点，属未时。

在未时，骄阳已经把草上的露珠晒干了，这段时间适宜放羊。羊与未时联系在一起，就有了"未羊"。

生肖作用 纪月

农历六月为未月。节气处于小暑—大暑—立秋这段时间。

农历六月，青草十分茂盛，羊群遍野，于是人们称农历六月为"羊月"。

属羊的名人

曹操 三国曹魏奠基人	**努尔哈赤** 清朝奠基人
司马懿 三国曹魏权臣	**曾国藩** 清朝晚期名臣
岳飞 南宋抗金名将	**林彪** 开国元帅之一

生肖作用 纪年

小朋友们，看看下面的表格，看看自己的家人或好友，有没有属羊的吧。

1931 农历辛未年	1943 农历癸未年	1955 农历乙未年
1967 农历丁未年	1979 农历己未年	1991 农历辛未年
2003 农历癸未年	2015 农历乙未年	2027 农历丁未年

生肖特点 善良

羊是一种十分善良、温和的动物。不论是哪种羊，平时一般都不会攻击人类或其他动物。哪怕是山上有角的山羊也并不好斗。它们从不轻易使用头上的角。就连被人宰杀的时候也非常安静。

孝顺

小羊吃奶时，总是采用前腿下跪的姿势。在中国传统文化中，"跪"这个动作表示尊重和感恩，因此人们认为小羊是因为尊敬母亲而下跪，它们是十分孝顺的孩子。其实羊羔跪乳是由羊体内的遗传物质控制的先天性行为，羊生来就会。这也是其他哺乳动物没有的特点。

广州五羊传说

相传大约在周朝时，广州连年灾荒，田野荒芜，农业失收，百姓吃不饱却又无计可施，只好日夜祈求天神降福。

一天，南海的天空忽然传来一阵悠扬的音乐，并出现五朵彩色祥云，上有五位仙人，身穿五色彩衣，分别骑着不同毛色的山羊，羊嘴衔着稻穗，降临广州。原来是广州百姓的虔诚感动了五位仙人。

仙人们把优良的稻穗赠给了广州百姓，并祝愿这一地区"永无饥荒"。说完仙人们腾空飞逝，五只仙羊化为石羊留在广州山坡。从此，广州真像仙人们祝福的那样，稻穗飘香，年年丰收，成为岭南最富庶的地方。

这就是广州为什么也叫"五羊城""穗城""羊城"名称的原因。今天，广州越秀公园内有五羊雕像，是广州最具象征意义的城徽。

送羊

旧时，汉族民间有"送羊"的风俗，主要流行于华北平原一带。每年农历六月初二开始，由16岁以下的小外甥带20张薄饼（类似山东的小煎饼）到外祖父家去要羊；农历七月十五（中元节）前，外祖父、舅舅给小外甥送羊，原先是送活羊，后来改送形状像羊的面食（另配有其他动物形象，如青蛙、兔、狗等，以及馒头共20件）。这个习俗是为了教育孩子们要学习"羊羔跪乳"，要孝敬自己的爸爸妈妈。

挠羊赛

是种用活羊作为奖品的摔跤比赛。"挠"在乡间解释为"扛"，"挠羊"就是扛羊，把羊拉走。所以说，"挠羊赛"，就是赢或者输羊的比赛。山西忻州一带的城乡，只要过庙会，就会举行挠羊赛。农闲时也组织举办挠羊赛。挠羊赛中，最让人兴奋的时刻是在一名"挠羊汉"连胜六位跤手之后，这位胜利者披红挂花，骑高头大马，绕场几周，并吃完一顿丰盛的酒宴后，被人们护送回家。

制作衣服和毡

陕北人喜欢用羊皮、羊毛等做衣服。人们放羊、赶集、修梯田、打坝等，几乎都离不开老皮袄，有"白天穿，晚上盖，天阴下雨毛朝外，虱子咬起墙头晒"的说法。除了山羊皮袄外，还有的用羊毛擀成的"毡胎子"做棉衣。当然，为了省事还有用羊毛代替棉花缝制过冬御寒厚衣服的。另外，在陕北，几乎每家每户的炕上都铺着羊毛毡。羊毛毡既可以防潮，还可以保温、御寒，炕上铺上羊皮褥，晚上会睡得很舒服，很暖和。

对联

马有知途德

羊存跪乳恩

上联，意思是马有识路的能力。下联，意思是羊吃奶时是跪着的，懂得感恩。

祭品

在古人心中，羊象征着吉祥，被人们寄予了种种美好的想象，人们把羊视为神物、精灵。

 剪纸 *羊年剪纸——幸福平安*

这张剪纸，下方有两只羊，羊蹄下有金元宝。两只羊的上方有一个"福"字。另外，剪纸上还有"平安"两个字。此剪纸寓意羊年幸福平安、财源滚滚。

剪纸 *羊年剪纸——春到福来*

这张剪纸，主体是一个大大的"春"字。其上部，是盛开的花朵；其左右，是"春到福来"四个字，其下部，是一只羊外形为主体的"福"字。这类"福"字贴，代表着福气、福运和幸福。寓意羊年福气多多、幸福快乐。

青铜礼器

先秦时期是我国青铜器大发展的年代，那时的青铜器制品主要用于祭祀和宴饮，被视为礼制的体现。各种礼器上一般都刻有动物纹饰或模拟动物外形，其中包括大量的羊形青铜器。四羊方尊、双羊尊、羊尊、三羊垒、四羊首垒等青铜礼器都铸有突起的羊头。

1938 年出土于湖南宁乡，现收藏于中国国家博物馆的四羊方尊，是中国现存商代青铜方尊中最大的一件，被史学界称为"臻于极致的青铜典范"，位列十大传世国宝之一。

温顺的羊

在大自然中，有不同种类的羊，包括绵羊、山羊、羚羊、黄羊、青羊、盘羊、岩羊等。在日常生活中，常见的是绵羊和山羊。

头短

绵羊

鼻骨隆起，嗅觉灵敏

体躯丰满
被毛绵密，怕热不怕冷
性情温驯，胆小易惊

嘴较尖，嘴唇薄而灵活，牙齿锋利，利于啃食短草

制作卡通小羊相框

羊是一种温顺的动物，小朋友们，动手制作一个可爱十足的卡通小羊相框吧！

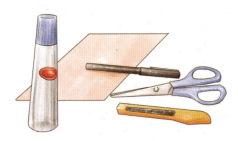

①准备好卡纸、美工刀、剪刀、笔、胶水、丝带和胶带。

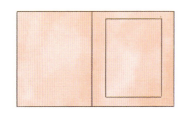

②用笔在卡纸上画出相框轮廓。

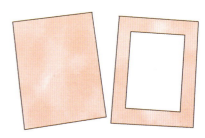

③剪好相框，并粘贴好。

角细而长，向两侧开张

亲子旅程
北京中国国家博物馆四羊方尊
广东清远羊角山
天津腾源羊文化博物馆

下颚长有体毛，人们称为胡子

山羊
毛色多为白色、灰色或灰白色
敏捷机智

喜欢登高，耐力好

⑤在羊的头部画好眼睛、鼻子、嘴巴。把羊的上半身粘贴在相框上方背面，把羊腿粘贴在相框下方背面，并把丝带打结，将丝带粘贴在羊头背面。一个可爱的卡通小羊相框就做好了。

④拿一张卡纸，分别画出羊的头、脸、腿、身体，并剪好，将相应部位粘贴好。

猴

甲 猴

说到古灵精怪的猴子，人们首先能想到的就是《西游记》里的大师兄孙悟空了。孙悟空把猴子的特点展现得淋漓尽致，但它与普通的猴子不同，它会七十二变，还有很多特殊的本领。在西天取经的路上，孙悟空与师弟们一起打妖怪。

在十二生肖中，猴排在第九位。猴是有智慧的动物，它聪明机智，会模仿人的动作。另外，猴子被人们赋予了吉祥的寓意，古人非常喜爱猴子。故事"猴子捞月亮"和成语"朝三暮四"都与猴子有关。

猴子和鳄鱼的故事

作生 纪时
用肖

十五点至十七点，属申时。

在申时，太阳偏西，天气变得清爽些了。这段时间，猴子比较活跃，喜欢在树林里玩耍啼叫。猴与申时联系在一起，就有了"申猴"。

作生 纪月
用肖

农历七月为申月。节气处于立秋—处暑—白露这段时间。

农历七月，树木茂盛，山间的许多果子都成熟了，群猴出没山间，采食野果，故人们称农历七月为"猴月"。

属猴的名人

韩愈
唐代著名文学家

辛弃疾
南宋将领、词人

武则天
一代女皇

左宗棠
清末洋务派领袖

文天祥
宋末抗元名相

作生 纪年
用肖

小朋友们，看看下面的表格，看看自己的家人或好友，有没有属猴的吧。

1932 农历壬申年	1944 农历甲申年	1956 农历丙申年
1968 农历戊申年	1980 农历庚申年	1992 农历壬申年
2004 农历甲申年	2016 农历丙申年	2028 农历戊申年

聪明机智

猴子属于灵长类动物，是人类的近亲，有着发达的大脑，聪明、多动是其明显的特征。因此，猴子的行为比其他动物要复杂，它可以模仿人的一些动作，比如：猴子可以模仿人骑自行车，非常有意思。

高官厚禄

在汉族人民的传统文化中，猴是吉祥动物。因为"猴"与"侯"谐音，所以，在许多图画中，猴的形象表示封侯的意思。例如：一只猴子爬在枫树上挂印，有"封侯挂印"之意；一只猴子骑在马背上，有"马上封侯"之意，意思是即刻就要受封爵位，做大官，马上方有时还有蜜蜂；两只猴子坐在一棵松树上，或者一只猴子骑在另一只猴子的背上，有"辈辈封侯"之意，"辈辈封侯"寓意世世代代都能得高官厚禄。

贺寿之神

猕猴很喜欢吃桃子，《西游记》中的孙悟空就曾偷吃西王母的蟠桃。传说，吃了蟠桃可以长生不老。至今，民间为老人贺寿时，仍然用蟠桃贺寿。在我国的猴文化中，"抱桃猴"是贺寿之神。猴子抱着蟠桃给寿星贺寿，寄托着人们对老人长寿的祝福。

生肖猴的传说

威猛的老虎，被称为百兽之王。而猴子与老虎是邻居，关系很好。老虎外出时，猴子就会代行镇山之令。百兽慑于虎王的威风，只好听猴子的召唤，这就是俗语"山中无老虎，猴子称大王"的来历。

有一天，老虎不幸落入了猎人的网中，老虎拼命地挣扎，却无法脱身。这时，猴子来了，老虎大声喊："救命啊！救命啊！"猴子听到后，连忙爬到树上，解开了猎人的网绳，救出了老虎。

老虎脱险以后，虽然嘴上感谢猴子老弟，可是心里在盘算着："我是森林里的百兽之王，竟然中了猎人的圈套，还要小小的猴子来搭救。如果这件事传出去了，岂不灭了我的威风。于是，老虎心生恶念，想吃掉猴子。可是，老虎转念一想：如果吃掉猴子，我就一个朋友都没有了。以后我再遇到困难，谁来帮助我呢？

于是，老虎对猴子说："今天的救命之恩，我今后一定报答。但是今天你搭救我的事，别对其他动物提起。"猴子答应了老虎的请求。

多年以后，玉帝选生肖时，猴子请求老虎在玉帝面前美言几句，老虎因为欠猴子的情，只好倾尽全力去帮猴子说情。老虎对玉帝说："猴子聪明机智，我不在时，猴子有镇山功劳。"就这样，猴子也入选了十二生肖。

护娃猴

在中国的传统文化中，猴子有被很多本领。在我国山西、陕西、内蒙古等地的农家炕头上，常摆放着一个用青石雕刻的小石猴，是专门用来保护六七个月刚学爬行的幼儿的，被称为"护娃猴"。大人会把一根红绳的一头系在石猴腿部的圆孔上，将另一头系在幼儿的腰上。这样一来，可以防止幼儿从床上掉下去。另外，据说护娃猴有保佑娃娃平安的寓意。

 ## 护航猴

在三门峡、陕县一带古渡口，在木船靠岸系绳的木桩上都雕有一只神采奕奕的猴子。猴子端坐在木桩的顶端，好像在东张西望。因为孙猴子（孙悟空）水性好，曾潜入东海大闹龙宫，所以人们把猴子雕刻在木桩上，以求人和船都能平安。

 ## 避瘟猴

古人相信，猴子和马在一起，就能够使马避开瘟疫。所以，很多地方的拴马柱上都雕刻着一只猴子。在山西省、陕西省、甘肃省，尤其是陕西的渭南地区，几乎每个村子都有拴马石桩，许多拴马桩的顶端都雕刻着石猴，被称为"避马瘟"。

对联

五禽戏

东汉末年著名的医学家华佗，受到动物运动的启发，创造了"五禽戏"。五禽戏是中国传统健身方法，又叫"五禽操""五禽气功"等，由五种模仿动物的动作组成，其中就有模仿猿猴动作的套路，这套动作非常敏捷、灵活。

美猴腾瑞气

余鲤戏春波

上联，意思是猴子驾着祥云来了，暗喻猴年来到。下联，意思是鲤鱼在春天的碧波中嬉戏，暗喻春天到来。

剪纸 猴年剪纸——福

这张剪纸，有一只大猴子，手捧桃子，猴子上方有个"福"字。大猴子的旁边有一只小猴子，小猴子手里也拿着一个桃子。另外，剪纸四周还有花朵。此剪纸寓意猴年幸福安康。

三不猴

在中国的传统文化中，常用"三不猴"的形象来比喻人们谨慎善为、与世无争的处世性格。中国很多艺术品，都采用了"三不猴"的形象。三只猴子，一只猴子用手捂住嘴巴，一只猴子用手捂着耳朵，还有一只猴子用手蒙着眼睛。三只猴子的寓意分别是不看、不听、不说。意思是，不合符礼教的话不能说，不合符礼教的东西不能看，不合符礼教的事不能做。

"三不猴"造型来源于论语，孔子云："非礼勿视，非礼勿听，非礼勿言，非礼勿动。"在家中摆置一尊三不猴的雕像，可以警醒自己谨守"三不"之道，不要随意招惹是非。

《西游记》中孙悟空

吴承恩创作的《西游记》，主要讲述了唐僧、孙悟空、猪八戒、沙僧师徒四人前往西天取经的故事。齐天大圣孙悟空会七十二变，一个筋斗能翻出十万八千里，他那双火眼金睛闪烁光芒，他总是手执金箍棒，搔耳抓腮。在前往西天的路上，他们师徒遇到了很多妖怪，孙悟空总是打头阵，想尽办法斩妖除魔，保护师父和师弟。

爱亲近人类的猕猴

猴的种类很多，包括猕猴、懒猴、叶猴、红面猴、狒狒、金丝猴、黑叶猴等。我们最长见到的是猕猴，主要生活在亚洲的热带、亚热带森林里。在我国，猕猴主要分布于广东、广西、云南、贵州、四川等地。

头部呈棕色
额略突出，眉骨高，眼窝深

背部棕灰或棕黄色

口内有颊囊，
腮帮子处能够
储存食物

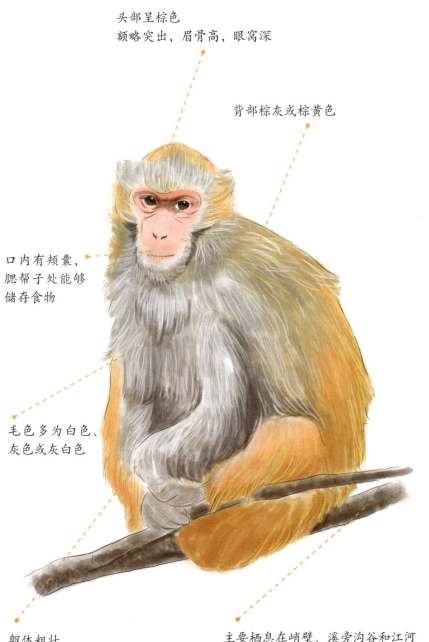

毛色多为白色、
灰色或灰白色

躯体粗壮
指、趾均能直立，抓握东西灵活

主要栖息在峭壁、溪旁沟谷和江河岸边的密林中，或疏林岩山上，群居

制作可爱的小猴头套

小猴子聪明可爱，十分有意思。小朋友们，动手制作一个可爱的小猴子头套吧！

①准备 A4 卡纸、剪刀、活动眼睛、胶水、彩笔、夹子。

②将 A4 卡纸剪成两半，并把两张纸重叠放在一起，再将两张纸的左右宽边和一处长边粘贴好，用夹子固定住。

③用笔在卡纸上画出嘴巴、耳朵的轮廓，并剪好，然后将耳朵粘贴好。

④将嘴巴、耳朵粘贴在头部对应位置，并把眼睛粘贴好。一个可爱的小猴子头套就做好了。

江苏连云港花果山
湖南张家界金鞭溪景区
四川乐山峨眉山
广西南宁龙虎山

闻鸡起舞

鸡

凡是看过《鸡毛信》这部动画片的小朋友，都知道鸡毛的用处可大了呢！那么，鸡毛信到底是什么样的信呢？就是一种插上鸡毛的信件，这表示信件需要迅速传送。

十二生肖中就有鸡哦！它排在第十位。鸡是十二生肖中唯一的禽类。人类从很早的时候起就开始饲养鸡了，而鸡也从那时候起就把自己全部献给了人类，包括自己的鸡肉、鸡蛋和羽毛。古时候，没有钟表，公鸡天一亮就打鸣，提醒人们起床。鸡劳苦功高，因此人类重视鸡，还给鸡冠以"德禽"的美誉。

作用 生肖 纪时

十七点至十九点，属酉时。

在酉时，太阳快落山了，家养的鸡该回窝了。在这个时候，如果鸡还不回窝，那么天一黑就会找不到。另外，酉时还是人们吃晚饭的时间。鸡与酉时联系在一起，就有了"酉鸡"。

作用 生肖 纪月

农历八月为酉月。节气处于白露—秋分—寒露这段时间。

农历八月，气温逐渐下降，天气渐凉。八月十五中秋节，"杀鸡饮酒"，于是人们称农历八月为"鸡月"。

作用 生肖 纪年

小朋友们，看看下面的表格，看看自己的家人或好友，有没有属鸡的吧。

属鸡 的名人	华佗 东汉末医学家	李隆基 唐极盛时期皇帝
	杨坚 隋朝开国皇帝	叶剑英 开国元帅

特点 生肖 勇敢

虽然鸡很平凡，但却勇敢善斗。鸡喜欢搏斗打架，尤其是公鸡。两只公鸡，往往会因为啄食、求偶等问题打起来，而母鸡之间偶尔也有场厮杀。平时看上去柔弱的鸡，搏斗起来，十分勇猛。从鸡身上我们可以明白一个道理：再平凡的人，也有勇敢的一面。

1933 农历癸酉年	1945 农历乙酉年	1957 农历丁酉年
1969 农历己酉年	1981 农历辛酉年	1993 农历癸酉年
2005 农历乙酉年	2017 农历丁酉年	2029 农历己酉年

特点 生肖 守时

鸡给人的印象是"守时"，因为每天早晨公鸡都会准时鸣叫，就是提醒人按时起床的"闹钟"。公鸡打鸣是古时候人们在日常生活中做事的重用时间参考。鸡鸣过后，日出东方，昼夜更替。鸡成为光明、晨昏、时间的重要象征。

特点 生肖 护雏

母鸡在坏蛋想要伤害小鸡时，会把小鸡护在翅膀底下，这是母鸡作为妈妈的天性，小朋友爱玩的游戏"老鹰捉小鸡"不只是一个游戏，还能从中感受到所有妈妈对孩子的关爱。

闻鸡起舞

晋代的一代名将祖逖，小时候不爱读书，十分淘气。长大以后，他意识到自己知识匮乏，于是开始发奋读书。

后来，祖逖和幼时的好友刘琨一起在一个地方做官，他与刘琨感情深厚，还有着共同的远大理想，即成为国家的栋梁之才。

有一次，祖逖半夜睡梦中听到公鸡的鸣叫声，他一脚把刘琨踢醒，对刘琨说："你听见鸡叫了吗？"刘琨说："半夜听见鸡叫不吉利。"祖逖说："我偏不这样想，咱们干脆以后听见鸡叫就起床练剑如何？"刘琨高兴地同意了。后来，他们每天鸡叫后就起床练剑，春去冬来，寒来暑往，从不间断。功夫不负有心人，经过长期的刻苦学习和训练，他们成为了能文能武的全才。

后来，祖逖被封为镇西将军，实现了他报效国家的远大理想。刘琨做了都督，兼管并、冀、幽三州的军事，也充分发挥了他的文才武略。他们的故事也成为一个成语"闻鸡起舞"，比喻有志报国的人会立刻发奋努力。

 ## 迎春公鸡

在我国民间，有佩戴"迎春公鸡"的习俗，主要流行于山西北部以及山东的一些地区。迎春公鸡又称春鸡，立春前年轻妇女们用碎布缝制好后，挂在孩子身上。春鸡一般缝在孩子的左衣袖上，认为这样做可以保佑孩子一年不生病。

佩鸡心袋

在我国民间，有在端午节佩戴鸡心袋的习俗。鸡心袋也叫"端午袋"，主要流行于浙江金华地区。在农历五月初五，人们用红布制成小袋子，形似鸡心，内装茶叶、米和雄黄粉，挂在小儿胸前，以驱邪祈福。"鸡心"和"记性"谐音，于是人们认为端午节小孩挂了鸡心袋有助于记忆，读书记性好，长大后会有出息。

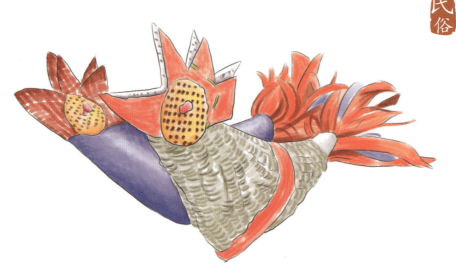

长命鸡

过去，中国有一种留"长命鸡"的婚俗，临近娶亲时，男方要准备大红公鸡一只，女方准备一只母鸡，母鸡表示新娘为"吉人"。出嫁时，女方所准备的母鸡由自己未成年的弟弟或其他男孩抱着，跟着花轿出发，并要在公鸡打鸣之前赶到男方家，寓意以气势压倒公鸡。然后，男方将公鸡交给抱鸡人，将公鸡、母鸡一同拴在桌腿上，并不时打公鸡，直到公鸡有气无力，这是妻子制服丈夫的象征。婚礼结束后不能杀掉这两只鸡，所以这两只鸡被称为"长命鸡"。

民俗 门上贴剪纸大公鸡

在民间，鸡被人们当做吉祥物，人们觉得鸡能够避邪。从古时候起鸡就开始成为守门避邪的神物。这种风俗一直传承至今，山西大同的乡村至今仍保留着春节门上贴剪纸大公鸡的古俗。

 对联

 斗鸡

世界各地几乎都有斗鸡的娱乐传统，这项游戏起源于亚洲。而中国是世界上驯养斗鸡的古老国家之一，斗鸡之风在春秋战国时期已很盛行。产于开封、郑州、洛阳的中原斗鸡是中国斗鸡中较为著名的。斗鸡必须毛短而稀，头小而直眼睛要深，皮厚脚大而且直挺，鸡距（雄鸡的后爪）发达。这种鸡举止稳重，不乱动。

鹊报满园春

鸡鸣大地醒

上联，意思是鸡年到了，万物复苏。下联，意思是喜鹊来报春了，满园春色。

 剪纸 鸡年剪纸——富贵吉祥

这张剪纸，有一只大公鸡站立鸣叫，公鸡身后有金元宝，公鸡脚下有盛开的鲜花。另外，公鸡腹部下方呈现出富贵两个字。这张剪纸寓意鸡年富贵吉祥。

鸡有五德

古人认为鸡有五种美好的品德：头上有冠，是文德；足后有距能斗，是武德；敌前敢拼，是勇德；有食物会招呼同类，是仁德；守夜不失时，天亮就报晓，是信德。

国画 《子母鸡图》

这是宋代人画的一幅画，具体是谁画的大家都不知道。这幅画中有一只母鸡，母鸡旁边有几只小鸡，它们看起来像是在地上啄食。整幅画呈现出了鸡宝宝和妈妈在一起时的温馨场面。

太阳的使者——鸡

在大自然中，有不同种类的鸡，包括家鸡、火鸡、乌鸡、野鸡等。而家鸡又包括公鸡和母鸡。

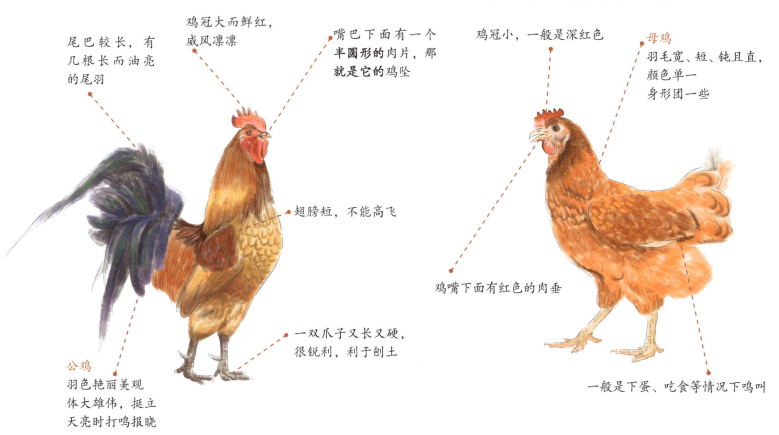

尾巴较长，有几根长而油亮的尾羽

鸡冠大而鲜红，威风凛凛

嘴巴下面有一个**半圆形的**肉片，那就是它的鸡坠

鸡冠小，一般是深红色

母鸡
羽毛宽、短、钝且直，颜色单一
身形圆一些

翅膀短，不能高飞

鸡嘴下面有红色的肉垂

公鸡
羽色艳丽美观
体大雄伟，挺立
天亮时打鸣报晓

一双爪子又长又硬，很锐利，利于刨土

一般是下蛋、吃食等情况下鸣叫

动手制作 制作卡纸母鸡

母鸡会下蛋，外形看上去也十分可爱。农户家里一般都会养几只母鸡，这样就可以吃鸡蛋了。小朋友们，动手制作一只可爱的"卡纸母鸡"吧！

亲子旅程
河南信阳中国鸡文化博物馆
河南信阳鸡公山
江苏苏州金鸡湖
广东乐昌金鸡岭

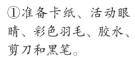
①准备卡纸、活动眼睛、彩色羽毛、胶水、剪刀和黑笔。

②在卡纸上画出一个圆，然后将圆剪下来，对折，母鸡的身体就做好了。

③在红色卡纸上画出母鸡的鸡冠，并剪好。

④在黄色卡纸上画出母鸡的嘴巴，并剪好。

⑤将鸡冠、嘴巴、活动眼睛、彩色羽毛粘贴到母鸡身体的对应位置，并用黑笔在身体对应位置画好翅膀。一只可爱的"卡纸母鸡"就做好了。

灵犬黄耳

狗

戌 狗

科幻电影《天才眼镜狗》中的皮博迪先生，可以说是世界上最聪明的狗狗。在电影中，皮博迪先生收养了一个人类小男孩谢尔曼，他十分疼爱谢尔曼，想让谢尔曼充分感受到世界的奇妙，于是就发明了一台时光穿梭机。通过这台时光穿梭机，皮博迪先生与谢尔曼一起穿越时空，四处冒险。

十二生肖中也有狗。在十二生肖中，狗排在第十一位。狗算是与人类最亲近的一种动物，人们称狗为"人类最忠实的朋友"。在我国农村，狗可以看家护院。在城市，它是陪伴主人的宠物。狗会陪主人玩耍，还会陪主人坐在沙发上一起看电视。当主人有了危险，狗还会奋不顾身地去搭救主人，因此狗深受人们的喜爱。

纪时

十九点至二十一点，属戌时。

人劳碌一天，在戌时就关门准备休息了。狗卧门前守护，一有动静，就汪汪大叫。狗与戌时联系在一起，就有了"戌狗"。

作为生肖用 纪月

农历九月为戌月。节气处于寒露—霜降—立冬这段时间。

农历九月，是秋收的时候，家家户户用狗来防盗，所以人们称农历九月为"狗月"。

作为生肖用 纪年

小朋友们，看看下面的表格，看看自己的家人或好友，有没有属狗的吧。

1934 农历甲戌年	1946 农历丙戌年	1958 农历戊戌年
1970 农历庚戌年	1982 农历壬戌年	1994 农历甲戌年
2006 农历丙戌年	2018 农历戊戌年	2030 农历庚戌年

属狗的名人

孙权
三国东吴的建立者

周恩来
人民的好总理

朱德
中国红军之父

刘少奇
开国元勋

彭德怀
开国元帅

董必武
党和国家领导人

特点生肖 忠诚

自古以来，人们喜欢狗，很大部分就是因为狗对人类特别忠诚。狗非常聪明，它们能很好地理解人类的语言和表情，因此狗能听主人的话，主人让它做什么它就做什么。狗对主人十分忠诚，因此狗被认为是忠诚的代表。

特生肖点 嗅觉灵敏

人的嗅觉细胞一般只有 500 万个，而狗竟达 2 亿 2 千万个，可以分辨大约 2 万种不同的气味。人们就利用狗狗的这种灵敏的嗅觉能力，培养了军犬、警犬来进行刑侦、缉毒、搜爆和救援工作，这些狗狗做了大量人类无法做到的工作。

特生肖点 表情丰富

除了通过犬叫声来表达感情外，狗还会通过肢体动作来表达各种情绪。狗高兴或表示亲热时，会抬起尾巴使劲摇摆，并向高处跳跃。狗愤怒时，眼睛瞪圆，眼光凶狠。狗恐惧时，耳朵下垂，皮毛竖立，身体颤抖，尾巴低垂，眼睛斜视，呆立不动或侧身后退。狗哀伤时，头垂下，两眼无光，向主人靠拢，并用祈求的目光望着主人。

特生肖点 预兆吉凶

中国人把狗视为吉利的动物，如果突然有一只狗来到家中，就寓意吉祥，还代表将要发财。狗还能预兆凶险，如果有什么灾祸降临，主人通过狗的表现就能提前知道。例如，狗上房预兆盗贼将至。狗喜欢吠，古代人就以狗吠的时辰来预测吉凶，俗称"犬吠测吉凶法"。

灵犬黄耳

生肖传说 灵犬黄耳

西晋著名文学家、书法家陆机养了一条狗，名叫"黄耳"。陆机在京城洛阳做官，很久没有家中的音讯。有一天，陆机开玩笑地对黄耳说："你能替我把信带回家，并带回消息吗？"黄耳高兴地摆了摆尾巴，表示愿意。于是，陆机写了一封家书，装在一个竹筒中，系在了黄耳的脖子上。

黄耳沿着驿道向陆机的家乡苏州方向奔去，饿了就到草中觅食充饥。黄耳赶到苏州陆机的家里，用嘴咬着装信的竹筒示意陆机的家人。陆机的家人打开竹筒看家书，发现黄耳一直盯着他们。于是，陆机的家人写了一封信给陆机，装在竹筒内，系在黄耳脖子上。之后，黄耳就往洛阳方向奔去。

往返于京城和苏州之间，常人步行需要 50 天时间，而黄耳只用了 15 天时间。后来，黄耳死了，被送回陆机的老家苏州安葬，它的坟距离陆机的家仅有 200 步远，这里的乡亲都把这座坟叫"黄耳冢"。

二郎神降服哮天犬

生肖传说 二郎神降服哮天犬

哮天犬是中国神话传说中二郎神杨戬身边的神兽，辅助他狩猎冲锋，斩妖除魔。

二郎神和哮天犬说是主仆，其实也是从小一起玩大的玩伴。民间传说，二郎神成仙前居住在灌江口，幼年修行的时候偶遇流落在外的哮天犬，觉得和它有缘，多次感化它，还教给了它一些法术，并作为猎犬和后来收养的逆天鹰一起带在身边。哮天犬对二郎神很是感激，所以忠心耿耿一世追随。

在《西游记》中，哮天犬出现过两次：一次是孙悟空大闹天宫后，二郎神奉旨捉拿孙悟空，二人大战时，哮天犬扑倒孙悟空，二郎神最终捉拿下孙悟空；一次是碧波潭万圣龙王的上门女婿九头虫下血雨盗取祭赛国佛舍利子，和孙悟空师兄弟发生冲突，二郎神前来助战，哮天犬咬掉九头虫一颗头颅，九头虫逃往北海不知所踪。

在《封神演义》中，哮天犬一共出现了 29 次，屡次助二郎神战胜各种妖魔鬼怪。

民俗 天狗吃月

在古时候，民间有敲响锅盆救月的习俗。民间相传，"月蚀"就是天狗吞食月亮造成的。因此，在月蚀时，人们要敲响锅盆救月。据说，锅盆的声音一响，会吓得天狗把月亮吐出来。

民俗 盘王节

盘瓠王是畲、瑶族传说中的一只名叫"盘瓠"的龙犬。正月十六是瑶族"盘王节"。在这一天，瑶族会祭奠盘瓠。届时，人们会跳祭祀舞蹈盘王舞，会宰牛祭盘王，会颂唱"盘王大歌"。今天的瑶族人上衣前短后长，女子腰带故意后坠一截，就是在模仿狗尾巴。

对联

犬护祥和宅

人过幸福年

上联, 意思是狗年到了, 有狗守护着宅院, 一片祥和。下联, 意思是人们过个幸福的新年。

剪纸 狗年剪纸——狗年来福

这张剪纸, 有一只俏皮可爱的小狗, 四周围绕着花朵。另外, 剪纸上方还有"狗年来福"四个字。此剪纸名为"狗年来福", 寓意狗年福气多多。

尾巴向上翘起, 特别在行走时会高高翘起

毛柔顺而且短, 贴身, 容易保持干净, 黄、白、黑、杂色各种颜色都有

玩赏狗

古人饲养狗, 最开始为了看家护院、狩猎。后来大家都富裕了, 人们养狗就主要是要它陪伴自己或是逗着它玩儿。明清之际, 从宫廷到民间都以玩犬为乐, 富裕、消闲的人群把玩狗当成时尚, 著名的京犬"哈巴狗"就是代表。现代人饲养狗, 有的是为了看家护院, 有的只是为了有宠物狗陪伴。所以从古到今, 狗一直深受人们喜爱。

人类忠诚的小伙伴——狗

在大自然中，有不同种类的狗，包括阿拉斯加雪橇犬、泰迪犬、蝴蝶犬、金毛、牧羊犬、黑背、贵宾犬等。中华田园犬（又叫"土狗""柴狗"）是最常见的中国本土犬种。

耳小，直立或半直立

性格较温和，容易饲养
忠诚度高，广泛用于看家护院

嘴尖而短，额平

亲子旅程 广东雷州三元塔、雷州博物馆
北京门头沟狗牙山

制作纸杯小狗钟

动手制作

狗是人类忠实的朋友，能理解人的语言、动作和表情，可以与人和谐相处。在日常生活中，可爱的宠物狗更是深受人们的喜爱。小朋友们，动手制作纸杯小狗钟吧！

①准备纸杯、彩色卡纸、笔和剪刀。

②用彩色卡纸剪出小狗的头、耳朵和帽子，组合好粘在一起。并且给小狗画上眼睛、鼻子、嘴巴等。

③将纸杯倒扣，把狗的头部粘到杯子底部。

④用彩色卡纸剪出一个椭圆形和长短指针。在椭圆形上标出时刻，并用钉子把指针固定到中间。

⑤用彩色卡纸剪出小狗的尾巴。

⑥把时钟和尾巴粘贴到对应位置上。纸杯小狗钟就做好了。

猪

你对《小猪佩奇》这部动画片有印象吗？佩奇是一只可爱的小粉红猪，它与爸爸、妈妈和弟弟乔治快乐地生活在一起。佩奇总是把自己打扮得漂漂亮亮的。它喜欢玩游戏，还喜欢度假。

十二生肖中也有可爱的猪哦！在十二生肖中，猪排在第十二位。猪是一种慵懒却可爱的动物，人类很喜欢它。虽然猪不能帮助人类耕田、拉车，但是它却向人类献出了自己的生命，最终成为人类餐桌上的美食。所以，人类重视猪，饲养猪，还把它列为了十二生肖之一。

猪八戒吃西瓜

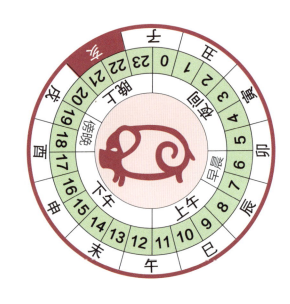

作生肖用 纪时

二十一点至二十三点，属亥时。

二十一点至二十三点，是亥时。在亥时，人们可以听到肥猪拱槽的声音，主人会很高兴。如果主人想让猪长得肥壮，还要起身给它添一些食物。猪与亥时联系在一起，就有了"亥猪"。

作生肖用 纪月

农历十月为亥月。节气处于立冬—小雪—大雪这段时间。

农历十月，天气寒冷，肥猪满圈，故人们称农历十月为"猪月"。

作生肖用 纪年

小朋友们，看看下面的表格，看看自己的家人或好友，有没有属猪的吧。

属猪的名人

赵匡胤	闻一多
宋朝开国皇帝	现代学者、诗人
张作霖	钱学森
奉系军阀首领	中国航天之父
老舍	
现代小说家	

1935 农历乙亥年	1947 农历丁亥年	1959 农历己亥年
1971 农历辛亥年	1983 农历癸亥年	1995 农历乙亥年
2007 农历丁亥年	2019 农历己亥年	2031 农历辛亥年

生肖特点 憨厚、温顺

在十二生肖中，猪比较憨厚、老实。猪生着一对肥肥的耳朵，肥肥的身体，走起路来慢悠悠的，看起来就是很憨厚的样子。它还安分守己，从不嫉妒其他动物的才能。所以人们都把心宽体胖的猪当做"憨厚"的象征。

生肖特点 和善

一般情况下，猪是不会攻击人或其他动物的。即使一直被关在猪圈里，猪也是很老实的。主人给它喂食以后，它就会睡觉。猪质朴厚道，非常能忍，即使被打，也不会伤害主人。

生肖特点 有福、有财

汉字的"家"字，上面部首是"宀"，象征着房屋。而下面部首是"豕"，"豕"就是猪的意思。在古代农业社会，如果家里没有养猪，就不足以称为"家"。家，就是房子里有一只猪，这样才能安居乐业、丰衣足食。猪有着浑圆的外形，因此，在人们心中，猪是能够存满财富的，是"富有"的象征，是"财富"的标志。

生肖猪的由来

传说，在古时候，有一个员外，家里很有钱，但他一直没有孩子。直到快60岁才有了一个儿子。于是他大摆宴席庆祝。在宴席上，有一个人来到孩子面前，见这个孩子宽额大脸，耳阔有轮，天庭饱满，又白又胖，于是断言这孩子必是大富大贵之人。

这孩子打小衣来伸手、饭来张口，不学文不习武，不务农学商，整日游手好闲。他认为自己命相已定，富贵无比，不用辛苦操劳。

可是，这个孩子长大以后，父母相继去世。家里的事业失败，田产典卖，家仆四散。即使是这样，这个胖小子仍然过着挥金如土的生活。最后，他饿死在了家中。

死后，他到阴曹地府的阎王那里告状，说自己天生富贵之相，不能如此惨淡而亡。阎王只好将胖小子的阴魂带到天上，请玉帝公断。于是，玉帝召来人间灶神，问及这位一脸富贵相的人怎会饿死房中。灶神便将这胖小子不思学业、不务农事、坐吃山空的行为一一禀告。玉帝听后大怒道："你命相虽好，却懒惰成性，今罚你为猪，去吃剩肴。"

当时天宫正在挑选生肖，天宫差官把"吃剩肴"听成了"值生肖"。于是，差官就把胖小子带到了凡间。从此，胖小子变成了一头猪，在人间吃粗糠，还当上了生肖。

猪八戒吃西瓜

唐生师徒去取经的时候，有一天，天热极了，孙悟空说："你们在这儿歇一会儿，我去摘点水果来给大家解解渴。"猪八戒连忙说："我也去，我也去！"他想早点吃到水果，还想多吃几个。

他们走了很久也没有找到水果，猪八戒不愿意走了。孙悟空就一个人去找水果了。

猪八戒正想睡一觉，忽然看见山脚下有个大西瓜！他高兴极了，把西瓜切成了四块，说："第一块，请师父吃；第二块，请大师兄吃；第三块，请沙师弟吃；第四块，嗯，是我的。"他张开大嘴巴，几口就把这块西瓜吃了。

"西瓜不够吃，我再吃一块吧。"两块西瓜没有了。

"西瓜不够吃，我再吃一块吧。"三块西瓜没有了。

"西瓜不够吃，我再吃一块吧。"西瓜吃完啦！

这时，突然听见孙悟空在天上出现了，说："八戒，八戒，你在干吗？"

　　猪八戒吓了一跳，急忙把西瓜皮扔得远远的，说："没干嘛！"

　　孙悟空说："我摘了些水果，咱们回去一起吃吧。"

　　猪八戒说："好的，好的。"

　　一路上八戒连续踩到三块西瓜皮，连续摔了三跤，说："哎呦！痛死我了，疼死我了！"孙悟空哈哈大笑。

　　啪嗒，八戒又踩到一块西瓜皮，他重重地摔在地上，再也爬不起来了。唐僧、沙和尚看见八戒不停地摔跤就问他是怎么回事，八戒结结巴巴地说："我不该一个人吃了一个大西瓜，这一路上摔了四跤。"说罢大家都笑了起来。

民俗 贴秋膘

　　从前，在我国北方地区，汉族流行在立秋这天"贴秋膘"，意思是，在立秋这天吃点儿好的，增加一些营养，通过这种方来补偿盛夏消耗的体力。而猪肉是最适合"贴膘"的肉类，所以人们在立秋这天会吃点猪肉，猪肘子是人们的最佳选择。

民俗 肥猪拱门窗花

　　在我国天津、河北等地，有"肥猪拱门"的节日窗花，这种窗花是用黑色蜡光纸剪成的。窗花要左右各贴一份，表示招财进宝。

沃土肥田猪有功

花香鸟语春无限

上联，意思是春天到了，鸟语花香，暗示春节的到来。下联，意思是农田十分肥沃，这是猪的功劳，暗示了猪年的到来。

食用为主的猪

猪是中外都普遍养殖的家畜，家猪品种多达近 300 种，在世界上养猪发达的国家中，中国排名第一，美国第二，另外，荷兰、德国、加拿大、丹麦、法国等都是在世界上名列前茅的以活猪出口为产业的国家。

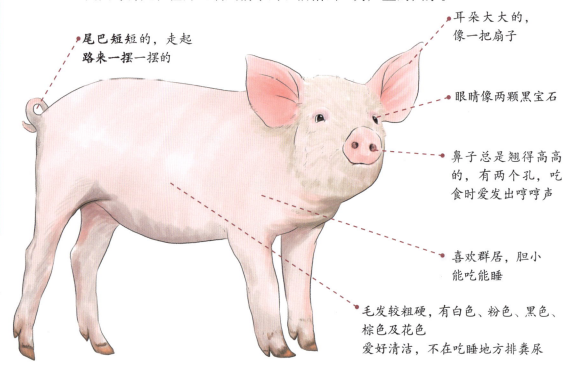

尾巴短短的，走起路来一摆一摆的

耳朵大大的，像一把扇子

眼睛像两颗黑宝石

鼻子总是翘得高高的，有两个孔，吃食时爱发出哼哼声

喜欢群居，胆小能吃能睡

毛发较粗硬，有白色、粉色、黑色、棕色及花色
爱好清洁，不在吃睡地方排粪尿

制作可爱的小猪

小猪圆圆的、胖胖的，能吃能睡，十分可爱。小朋友们，动手制作一只可爱的小猪吧！

①准备纸杯、活动眼睛、毛根、无纺布、剪刀和双面胶。

②用无纺布剪出小猪的鼻子，并用双面胶粘贴在纸杯上。

③用不织布剪出的小猪耳朵粘贴在纸杯上。然后，把准备好的活动眼睛粘贴在纸杯的对应位置。

④用无纺布制作圆形斑点，粘贴在小猪鼻子两侧。然后，将毛根弯成尾巴形状，用双面胶把尾巴粘贴在对应位置。一只可爱的小猪就做好了。